KB210213

직장인을 위한
콜링 스토리

직장인을 위한 콜링 스토리

저자 원용일

초판 1쇄 발행 2020. 7. 2.

발행처 도서출판 브니엘
발행인 권혁선

등록번호 서울 제2006-50호
등록일자 2006. 9. 11.

서울특별시 송파구 백제고분로28길 25 B101호 (05590)
마케팅부 02)421-3436
편집부 02)421-3487
팩시밀리 02)421-3438

ISBN 979-11-90308-24-3 03230

독자의견 02)421-3487
이메일 editorkhs@empal.com

북카페 주소 cafe.naver.com/penielpub.cafe
인스타그램 @peniel_books

도서출판 브니엘은 독자들의 책에 관한 아이디어나 원고를 설레는 마음으로 기다리고 있습니다. 책으로 엮기를 원하는 아이디어가 있으신 분은 위의 이메일로 간단한 개요와 취지, 연락처 등을 보내주십시오. 머뭇거리지 말고 문을 두드리세요. 길이 열립니다.

도서출판 브니엘은 갓구운 빵처럼 항상 신선한 책만을 고집합니다.

오늘,
일터에서
나만의 스토리를
쓴다

직장인을 위한
콜링 스토리

원용일 | 직장사역연구소 소장

브니엘

태초에 하나님이 천지를 창조하셨다. 그 명백한 사실을 어떻게 아는가? 우리는 천지창조의 이야기를 들어서 알고 있다. 성경이 바로 스토리다. 하나님이 창조하신 세상에서 인간이 타락했고, 예수님이 십자가를 대안으로 삼아 우리를 구원하셨다. 지금 우리는 하나님이 본래 창조하신 그 세상으로 가고 있다.

이야기의 주인공이신 하나님께서 이야기를 강조하셨다. 이스라엘의 구원 역사를 담은 절기, 유월절을 자녀들에게 이야기하여 계승하게 하셨다. 역사는 이야기를 통해 계승된다. 여호수아가 아말렉과 전쟁을 마친 후 하나님은 모세에게 특별한 지시를 하셨다. 아말렉과 싸웠던 전쟁 이야기를 기록해서 기념하게 하셨다. 그래서 여호수아와 후손들이 반복해서 들어 아예 외우게 하셨다. 이렇게 하나님은 스토리를 강조하신다.

요즘 우리 사회에서도 이야기가 강조된다. 스토리텔링이 교육과 비즈니스, 광고 마케팅 분야에서도 대세다. 사람들은 이야기에 감동한다. 설교를 듣는 성도들도 주로 이야기만 기억한다. 성경 이야기는 다 아는 이야기라서 그런지 주로 '예화'를 기억한다. 그래서 설교자들은 이야기를 재탕하지 않으려고 노력한다. 나도 일터사역에 대해 강의하면서 이야기에 집중했다. 나의 강의는 주로 성경의 인물 이야기가 많다. 성경 속 일하는 사람들의 이야기를 뼈대로 삼아 일하는 사람들이 겪은 여러 이야기로 살을 덮었다.

이 책에 등장하는 이야기들은 그동안 일터의 사람들을 만나서 직접 들은 이야기나 책, 영화 등 여러 매체를 통해 들은 이야기가 주를 이룬다. 성경 속의 일터 이야기와 더불어 내가 겪은 일도 간혹 포함되어 있다. 우리가 자주 여러 경로를 통해 듣는 이야기에 공감하고 감동하는 것처럼 일하는 사람들의 이야기를 통해서도 감동을 얻을 수 있다. 이야기는 연약한 사람들에게 힘을 준다. 절망적인 상황에서도 희망을 품게 하고 아픈 상처를 치유한다. 또한 잘못을 범한 죄를 회개하고 태도와 행동을 고치게 만든다.

이 책에서는 일터에서 치열하게 일하는 크리스천 직장인들의 삶에 메시지를 주는 이야기들을 다섯 가지로 분류했다. 1부는 소명을 다루었다. 어려운 시절일수록 우리를 일터로 부르신 하나님의 뜻에 집중해야 한다. 지금 하고 있는 일이 하나님의 소명이라는 인식을 분명히 해야 어려움을 이겨낼 수 있다.

2부는 관계를 다루었다. 인간관계의 문제는 우리의 일에 여러 방면으로 얽혀 있다. 관계를 떠나 일할 수 있는 직장은 없다. 포스트 코로나 시대에도 방법은 달라져도 관계가 일터의 사람들에게 중요하다. 우리는 크리스천다움을 일터 동료들에게 어떻게 보여줄지 사람들의 이야기를 통해 고민해볼 수 있다.

3부는 정체성을 다루었다. 크리스천 직장인은 남다른 정체를 가진다. 세속적인 일터문화에 동화되지 않고 구별되며 적응하여 생존하는 크리스천다운 대안을 제시할 수 있어야 한다.

4부는 신실함을 다루었다. 일터윤리 문제는 일하면서 수시로 부딪히는 갈등이 아닐 수 없다. 하지만 우리가 크리스천으로서 정직의 가치를 실현하기 위해서는 지혜가 필요하다. 세상의 비리와 일터의 부패를 접했던 크리스천들의 대응 전략을 보면서 적극적인 윤리 지킴이의 역할을 결심해보자.

5부는 영향력을 다루었다. 우리 크리스천들은 뭔가 다른 가치를 추구하는 사람들이다. 하나님이 나에게 주신 인생의 자원으로써 사람들을 유익하게 하고 하나님의 나라를 온전히 구현하는 노력을 다할 수 있어야 한다. 또한 평생 추구한 비전을 다음세대에 계승할 수 있어야 한다.

이 책에 나오는 이야기는 성공한 이야기가 많지만 실패한 이야기도 반면교사의 유익을 줄 수 있다. 성공해 보이는 것만이 성공인 것도 아니고, 사람들의 눈에 보이는 실패가 하나님의 입장에서는 실패가 아닌 경우도 있다. 하나님의 말씀을 따라 살려고 노력하던 크리스천 직업인들의 애환이 담겨 있는 이야기는 그 자체로 유익을 준다.

코로나19 사태는 일하는 사람들에게도 익숙하지 않지만 새로운 규범을 요구하고 있다. 또한 새로운 이야깃거리를 던져줄 것이다. 전 세계 사람들이 함께 겪어내야 할 어려움을 이겨내며 결국 승리하는 이야기를 많이 만들어낼 수 있기를 바란다. 이야기는 하나님의 말씀을 시대 상황에 맞게 구현한 말씀의 적용이다. 말씀의 원리를 실용적으로 펼쳐내는 대안이다. 과거의 역사를 미래의 희망으로 바꾸어놓는 당신의 이야기가 이제 꼭 필요하다. 세상이 당신의 이야기를 기다리고 있다.

글쓴이 원용일

P·A·R·T·1

왜 일하는지 일깨워주는
소명 이야기

C·H·A·P·T·E·R·01

힘들수록 말씀에서
인생의 키워드를 찾으라

크리스천 청년들을 대상으로 꿈을 가지라고 강의하던 한 강사
가 반박성 질문을 받았다.

"우리에게 비전을 가지라고 하는데, 힘들게 대학에 입학하자마
자 취업 걱정하고, 어렵사리 취업을 해도 경쟁 속에서 생존하느
라 정말 앞뒤가 꽉 막힌 현실입니다. 과연 우리의 현실을 제대
로 알고 비전을 말합니까?"

그 강사는 당황스러웠지만 한편으로 지당한 문제 제기였다고
말한다. 그런데 만약 내가 강의를 하다가 그런 질문을 받는다면
그 질문한 사람에게 이렇게 이야기해주고 싶다.

'금수저' 아닌 '흙수저'이고, 'N포세대'라며 포기할 것을 손가락으로 꼽으며, 지옥 같은 현실이라며 '헬조선', 이번 생은 망했다면서 '이생망'을 외치는 우리 청년들이 겪는 현실이 가슴 아프다. 그렇게 힘든 상황을 만들어놓은 어른의 한 사람으로서 책임감과 죄책감도 크다. 그런데 이런 때일수록 생각을 조금 다르게 해볼 필요가 있다. 답답한 상황에 놓인 사람은 젊은이들만이 아니다. 경영하는 사람도 힘들고 직업인들도 나름대로 다들 힘겨운 경쟁을 감당하면서 하루하루 버텨나가고 있는 시대이다. 정년을 보장받고 퇴직을 해도 평균 수명까지 20~30년이나 남아 있어 노후가 고달픈 부모 세대도 답답하고 괴롭기는 마찬가지다. 물론 우리 시대의 청년들이 가장 힘든 것은 분명하다. 그런데 답답한 현실 속에서 꿈도 꾸지 않고 비전을 포기하면 어쩔 것인가? 앞이 캄캄하고 뒤도 꽉 막혀 있다고 포기하면 안 된다. 옆이라도 돌아보고 고개를 들어 하늘이라도 쳐다보며 용기를 얻어야 한다.

요즘 우리 청년들처럼 고달팠던 한 사람을 소개한다. 집안은 가난했지만 책 읽기를 좋아해서 학교 도서관의 책을 많이 읽던 미국의 한 여고생이 있었다. 제2차 세계대전 중이었는데 남자친구가 참전했다가 훈장을 받고 살아 돌아왔다. 그런데 여자친구가 거의 매일 써서 보낸 연애편지 묶음을 가지고 왔다. 둘은 결혼을 했고 은행에서 대출을 받아 세탁소를 개업했다. 하지만 불황의 파고를 이기지 못했고 결국 세탁소를 폐업했다. 이제 5천 달러의 대출금을 갚는 일이 문제였다. 그때가 1948년이었다.

여인은 그저 집에만 있을 수 없어 아르바이트 자리를 찾다가 커피숍에서 주방보조로 설거지를 하며 일했다. 그런데 퇴근하려 하자 커피숍 주인이 내일부터 나오지 말라고 했다. 하루 일하고 아르바이트 자리마저 잘린 것이다. 밤이 늦어도 잠이 오지 않았다. 거울 앞에 서서 자신의 이력서를 나름대로 정리해보았다. '나이 스물세 살, 학력 고졸, 특별한 기술이나 자격증 없음, 아들 둘의 엄마.' 자신의 이력이 그 정도였다. 쓸 만한 한 가지 기술도 갖지 못한 것을 아쉬워했는데 성경 속의 어느 이야기가 머릿속에 떠올랐다.

열왕기하 4장에 나오는 여인의 남편은 선지자 엘리사의 제자였는데 세상을 떠나고 말았다. 병들어 고생했는지 빚이 많았다. 두 아들이 빚쟁이에게 종으로 팔려갈 상황이었다. 여인은 남편의 스승인 선지자 엘리사를 찾아가 도움을 청했다. 그러자 엘리사가 집에 가지고 있는 것이 무엇인지 물었다. 여인에게 남은 것은 기름 한 그릇뿐이었다. 그러자 엘리사는 여인에게 밖에 나가서 이웃들에게 빈 그릇을 많이 빌려 그 그릇에다 기름을 부으라고 했다. 엘리사의 말대로 했는데 기름을 붓고 또 부어도 멈추지 않았다. 빈 그릇이 떨어지자 계속 흘러나오던 기름이 그쳤다. 놀라운 하나님의 이적을 체험한 그 여인에게 엘리사가 말했다. "너는 가서 기름을 팔아 빚을 갚고 남은 것으로 너와 네 두 아들이 생활하라"(7절).

여인은 이때 한 가지 성경구절이 더 생각났다. 마태복음 25장에 나오는 달란트 비유였다. 한 달란트, 두 달란트, 다섯 달란트 받은 사람이 나오는데, 이 여인은 한 달란트 받은 사람이 자기가 받은 것이 적다고 그것을 땅에 묻어 둔 상황을 기억했다. 그때 주인이 와서 한 달란트를 빼앗아 열 달란트를 가진 사람에게 주라고 했다는 말씀을 기억했다. "무릇 있는 자는 받아 풍족하게 되고 없는 자는 그 있는 것까지 빼앗기리라"(29절). 여인은 자기에게 남아 있는 '기름'과 '달란트'를 잘 활용해야겠다는 생각을 했다.

'우리 집에 있는 것 중에 팔 수 있는 것이 무엇일까?' 생각하는 순간, 고등학교에 다닐 때 작문 선생님의 얼굴이 떠올랐다. 선생님은 그녀의 작문 실력이 뛰어나다며 칭찬하고 학교신문 편집하는 일을 맡겨준 일이 기억났다. 여인은 벌떡 일어나 부엌으로 가서 쓰레기통 옆에 모아둔 〈볼드윈 파크〉라는 신문을 식탁 위에 펼쳤다. 그리고 글 쓰는 일을 하는 사람을 찾는 광고란을 읽기 시작했다. 지난 신문의 구인광고는 소용없었을 터이지만 그토록 상황이 절박했다.

하지만 신문을 다 뒤져도 원하는 구인광고는 없었다. 그런데 광고를 계속 보다 보니 광고의 카피나 문장이 너무 촌스럽고 형편없는 것들이 눈에 거슬렸다. 순간 어렴풋한 영감이 떠오르고 신문에 나오는 허접한 광고 문안 몇 개를 오려내 광고를 다시 고쳐 써보았다. 몇 차례의 수정을 거쳐 나름의 샘플 광고 문안을 몇 개 완성했다. 그랬더니 밤이 다 지나고 아침 해가 뜨고 있었다. 지난밤에 한잠도 못 잤는데 이상하리만큼 기분이 상쾌했다.

아침에 일거리를 찾아 나서는 남편을 챙겨주고서 여인은 서둘러 제일 좋은 옷을 입고 읍내에 있는 신문사로 향했다. 한 아이는 유모차에, 그리고 다른 아이는 등에 업고서 말이다. 신문사의 문을 열고 들어가니 사무실 안쪽에서 깡마른 체구의 키 작은 남자가 근심에 찌든 얼굴로 걸어 나왔다. 그를 향해 여인이 소리쳤다.

"혹시 신문사 사장님이세요? 편집장님이신가요? 제가 광고 지면을 좀 사러 왔는데요."

그러자 그 남자의 태도가 달라졌고 여인은 자신의 계획을 설명하기 시작했다. 신문의 광고란을 도매가격으로 다 산 후에 광고주를 찾아가 광고 문안을 써서 신문에 실어주기로 하고 광고비는 일주일 후에 입금한다는 계획이었다. 여인의 제안이 받아들여졌다. 그날부터 여인은 신발이 닳을 정도로 뛰어다니기 시작했다. 낮에는 광고주들을 만나 광고 문안 작성에 대해 생각을 나눈 후 집에 돌아와 밤에는 광고 카피를 쓰며 광고를 제작했다.

그 여인의 인생 키워드는 바로 '광고'였다. 인생이 고달프고 힘들 때 찾아서 재능을 살린 광고가 바로 그녀의 인생을 새롭게 보여주었다. 그 여인이 5천 달러의 빚을 갚은 것은 물론이다. 이후 2007년에 세상을 떠날 때까지 60년 동안이나 유명한 광고대행업자이자 작가로, 기업에서 하루 동안 강의를 하면 강사비를 10만 불이나 받는 유명 강사로 살았던 이 여인의 이름은 도티 월터스(Dottie Walters)이다(강헌구 지음, 「가슴 뛰는 삶」, 쌤앤파커스 펴냄, 42-47쪽).

절박한 상황이었지만 하나님이 주신 지혜와 아이디어로 이 여인은 인생의 새로운 전기를 마련했다. 이 이야기를 처음 접했을 때 나는 소름이 돋을 정도로 전율이 느껴졌다. 어쩌면 열왕기하 4장에 나오는 여인의 이야기와 도티 월터스의 인생이 그렇게도 정확하게 들어맞을 수 있단 말인가? 도티 월터스에게도 두 아들이 있었고 빚을 지고 있었다. 성경에 나오는 여인처럼 도티 월터스도 빌려온 '남의 그릇'(신문사의 광고란)에 자신에게 유일하게 남은 '기름'(글쓰기 능력)을 붓고 또 부었다. 단 하나, 성경에 나오는 여인의 남편은 죽었고 도티 월터스에게는 남편이 살아 있었다는 점만 다를 뿐이었다.

성경을 우화적으로 해석하려는 것이 아니다. 도티 월터스는 정말 힘들고 어려운 상황에도 하나님의 말씀 속에서 인생의 키워드를 발견했다. 결국 그녀의 인생에서 하나님의 말씀이 비전의 원천이었다는 점이 중요하다. 중고등부나 대학청년부 젊은 이들에게 비전과 직업 선택에 대해 강의할 때 나는 이 이야기를 꼭 들려준다. 답답한 현실이지만 말씀 속에서 비전을 발견하라고 강조한다.

영국에서 노예 해방운동을 했던 윌리엄 윌버포스도 말씀 속에서 인생의 키워드를 발견했고, 그것이 그의 인생 소명이 되었다. 윌버포스는 18세기의 대영제국이 산업혁명의 후유증으로 겪는 사회 현상들을 그냥 지나치지 않았다. 당시 영국 사회에는 빈부격차의 심화, 아동 인권유린, 천민상업주의, 도박, 알코올 중독, 매춘 등에 덧붙여 성직자의 타락이 겹쳐 나타났다. 이런 사회 현실에 대해 윌버포스는 하원의원으로서 문제의식을 느꼈다. 더구나 당시 영국은 세계 제일의 노예무역국이어서 국가재정 수입의 30% 이상이 노예무역을 통해 확보될 정도였다.

21세에 하원의원에 당선된 윌리엄 윌버포스는 25세에 회심하여 주님을 만났다. 이후 성경을 읽으며 노예제도가 하나님이 원하시는 바가 아님을 깨달았다. 하나님이 사람을 하나님의 형상으로 창조하셨음을 볼 때 영국에서 노예제도를 폐지하는 것과 온갖 구습을 타파하는 게 의원으로서 자신이 추구해야 할 소명이라고 생각했다. 하나님이 자신에게 주신 두 가지 중요한 사명의 실천을 위해 자신의 삶부터 차근차근 개혁을 이루어갔다. 물론 그 과정은 쉽지 않았다. 결국 오랜 시간 윌버포스와 노예제 폐지에 뜻을 같이 하던 많은 의원의 노력으로 1807년 영국에서 노예무역은 법적으로 폐지되었다.

그러나 이런 법안이 실제로 시행되는 일 또한 만만치 않아서 10여 년이 지나도 여전히 그대로인 상황이었다. 그런데 드디어 1833년 7월 27일, 오랜 질병과 노구로 고생하던 윌버포스가 죽기 사흘 전, 의회가 대영제국에 있는 모든 노예를 1년 안에 해방하라는 법령을 포고했다. 정부가 노예 주인들에게 총 2천만 파운드의 노예보상비를 지급하기로 하면서 영국에서 노예제도가 드디어 폐지되었다. 미국이 남북전쟁을 통해 노예해방을 이루어내기 30여 년 전에 영국에서 있었던 일이다.

• • • 스토리 메시지

세상이 혼란스럽고 자신의 현실이 답답해서 고민될수록 시선을 돌려 하나님의 말씀으로 향해야 한다. 하나님의 말씀 속에서 인생의 키워드를 발견할 수 있다. 말씀 속에서 하나님이 주신 비전과 소명을 발견하겠다고 기도하며 노력하면 하나님은 우리에게 하나님의 나라를 세우는 멋진 비전을 허락해주신다.

잠수 타지 말고
------------------------------ 정체를 밝히라

"어, 부장님도 교회에 나가셨어요?"

한 부서에서 3년째 함께 지내던 김 대리에게 부장님이 교회에 나간다는 사실을 발각당했다. 그런데 알고 보니 김 대리도 부장님이 나가는 그 대형교회의 교인이었다고 한다. 웃어넘길 일이 아니라 비극에 가깝다! 그동안 한 부서에 있으면서 같이 밥을 먹고 이야기 나누며 회식자리에서 함께 지낸 시간이 얼마인가? 그런데 어떻게 두 사람이 같은 교회에 나간다는 사실을 서로 모를 수 있었을까?

1세기를 살던 우리의 선배 그리스도인들은 박해를 피해 물고기

모양으로 암호를 그려가면서 미로 같은 지하무덤을 헤매고 다녔다. 그들은 자랑스러운 '비밀 그리스도인'이었다. 그런데 21세기에는 일터에서 예수님을 믿는 것이 밝혀지면 행동에 제약을 받고 불편한 게 많아 숨기고 사는 비밀 그리스도인이 제법 있다. 그들은 일명 '잠수 그리스도인'이다. 비밀리에 접선해야만 정체를 파악할 수 있는 '007 그리스도인'이기도 하다. 주일 저녁 무렵이면 잠수 모드로 들어가서 주중에는 여간해선 물 밖으로 고개를 내밀지 않다가 토요일 밤쯤 되면 지상 모드로 돌아와 교회에서 주일을 보낸다.

물론 일터에서 크리스천이라는 종교적 티를 내야 한다는 뜻은 아니다. 교회에 다닌다고 광고하고 다닐 이유도 없다. 그런데 하루 중 눈 뜬 시간의 절반 이상을 보내는 일터에서 함께 생활하면 자연스럽게 영적 티가 나타나지 않겠는가? 교회에 다닌다고 말하지 않아도 그리스도인인 줄 알 수밖에 없다. 그래서 오늘 우리의 일터에 비밀 그리스도인이 많은 현실이 안타깝다.

16세기의 종교개혁 이후 마틴 루터의 종교개혁을 따르며 주일 오후에 '폐문 의식'을 하는 교회들이 있었다. 교회의 문을 여는 의식도 아니고 문을 닫는 의식이라면 어떤 의미였을까? 그것도 매 주일 그랬다면 이유가 더욱 궁금해진다. 그러면 교회의 출입문을 잠그고 주중 내내 교회 문을 열지 않았을까? 혹시 교회의 기물을 훔쳐가는 좀도둑을 막으려는 조치였을까? 모두 아니다. 이 의문의 폐문 의식에는 그리스도인의 정체에 관한 종교개혁의 핵심적인 메시지가 담겨 있었다.

폐문 의식에는 이제 '모인 교회'에서 교우들이 모여 하나님께 예배드리고 공동체에서 교제하며 위로받고 힘을 얻었으니 '흩어진 교회'로 나가라는 파송의 의미가 담겨 있었다. 모인 교회에서 하는 교회활동만으로 만족하지 말고 일터와 가정에서 그리스도인으로 살고 지역사회와 나라의 국민으로 세상에 영향을 주며 빛과 소금으로 살아가라는 촉구와 격려의 메시지를 담은 의식이었다. 세상에 나가 우리 아무개 교회의 대표선수로 분투하다가 다음 주일에 다시 교회로 모이라는 성도의 사명과 책임에 관한 촉구였다. 오늘 우리 그리스도인에게 바로 이런 야성(野性)이 필요하다. 세상과 일터에서 그리스도인의 신분을 감추거나 숨으면 안 된다.

그런데 1517년 10월 31일 유럽을 들끓게 한 마틴 루터의 종교개혁 이후, 교회와 그리스도인들은 과연 종교개혁으로 인해 교회의 본질을 회복했는지 질문해봐야 한다. 종교개혁의 핵심적인 두 바퀴는 이신칭의 교리와 전신자 제사장론인데, 오늘 우리 한국교회와 그리스도인들은 확실한 구원관과 직업소명론으로 무장하고 있는가?

16세기에 또 다른 종교개혁자들이 있었다. 재세례파로 불리는 아나뱁티스트(Anabaptist)였다. 이들은 가톨릭과 개혁교회 양쪽의 박해를 받아 16세기 이후 200년 동안 4천 명이 순교당했다. 이들은 루터의 십자가 신학에도 동의하고 이신칭의 교리도 전적으로 수용했다. 그러나 믿음으로 얻는 구원에 성경적이면서도 윤리적인 개념을 추가했다. 그들은 참된 구원의 신앙은 칭의만이 아니라 성화도 가져다준다고 강조했다. 행위로 구원을 받는다는 뜻이 아니라 구원받은 사람은 구원받은 사람의 행동을 할 수밖에 없다는 당연한 사실을 중요하게 여겼다. 이것은 사도 야고보가 가르치는 내용이다. "영혼 없는 몸이 죽은 것같이 행함이 없는 믿음은 죽은 것이니라"(약 2:26).

루터가 성직자들의 소명만이 고귀하다고 보았던 가톨릭교회를 반박하고 크리스천의 직업 자체가 소명이라고 보았던 것은 혁신적인 소명 이해가 틀림없었다. 그런데 우리는 이런 질문을 해봐야 한다. "마틴 루터는 직업소명론을 통해 진정으로 종교개혁을 성취했는가?"

아나뱁티스트 지도자인 메노 시몬스가 루터교회 교인들의 모습에 대해 비판했다. 맥주와 포도주를 한껏 마셔 술에 취한 코와 입술로 사냥꾼의 올무에서 벗어났다는 시편을 읊기만 하면 엄지손가락을 치켜들고 복음적인 귀한 형제라고 추켜세우는 것이 과연 타당한 것인가? 루터 자신도 이런 현실에 대해 안타까워했다. 성경에 근거한 새로운 개혁교회를 세웠지만 종교개혁 교리를 따르는 교인들이 영적으로나 도덕적으로 다른 사람들보다 더 나은 모습을 보여주지 못한다는 사실을 시인했다. 생활의 변화와 개선이 없는 루터교회 교인들의 현실을 매우 유감스럽게 여겼다. 루터는 자신의 책에 진정한 그리스도인의 이름을 따로 기록해두어 명목상의 그리스도인들과 분리시켜보려고 했으나 계획을 포기해야 했다. 그런 사람들을 기록으로 남길 만큼 충분히 찾지 못했기 때문이다(헤럴드 벤더 지음, 「재세례 신앙의 비전」, KAP 펴냄, 62-63쪽).

재세례파 성도들은 박해받고 순교하면서도 세상 속 그리스도인으로 모범적인 삶을 살았다. 농업, 제조업, 제화업, 직물업, 의료업, 도예공예, 시계 제작업 등 여러 분야에서 탁월한 직업적 역량을 발휘하기도 했다. 그들의 삶의 방식에 대해서는 심지어 적대자들도 인정했다. 종교개혁자 츠빙글리는 재세례파에 대해 적대적이었지만 이런 기록을 남기고 있다. "만약 여러분이 재세례파 신자들의 삶과 행위를 조사한다면 우선 나무랄 데 없고 경건하며 겸손하여 이 세상 누구보다도 그 삶에 매력을 느끼게 하는 사람들이라는 것을 알게 될 것입니다. 그들을 비방하는 사람들조차도 그들의 삶이 훌륭하다는 것을 알게 될 것입니다."

가톨릭 사제로 재세례파를 비난한 책을 쓴 크리스토퍼 피셔는 재세례파 신자가 영지 관리인으로 인기가 높고 다른 그리스도인들보다 더 많은 급여를 받는다고 개탄했다. 어떤 영주들은 재세례파 관리인에게는 회계를 요구하지 않을 정도로 신임한다고 썼다. 피셔는 영주들이 영지 관리인으로 재세례파를 고용하는 것이 당연하다면서 가톨릭교회와 개혁파교회의 신자들이 그들보다 믿음직스럽지 못한 현실을 한탄했다.

크리스천 직업인들은 일터에서 숨어 지내면 안 된다. 특히 일터에서 착한 행실을 통해 빛과 소금인 그리스도인의 정체를 드러내야 한다. 그래야 우리 일터에서 하나님이 영광받으신다(마 5:16). 오늘 우리 시대에 필요한 진정한 종교개혁은 세상에서 그리스도인으로 살아가는 소명을 실천하는 우리의 노력으로 완성될 수 있다.

··· 스토리 메시지

오늘 우리도 하나님이 우리에게 주신 '직업이 곧 소명'이라는 명제를 이해하는 것만으로 만족하면 안 된다. 아나뱁티스트처럼 실제로 우리의 일터와 삶의 현장에서 하나님의 사람답게 일하며 살아가야 한다. 하나님이 주신 비전을 삶 속에서 실천하기 위해 노력해야 종교개혁자들의 후예로 하나님이 기뻐하시는 소명의 인생을 살 수 있다.

당신이 오늘 하는 일은
하나님의 소명인가?

영국의 세인트존교회가 지어질 때의 일이다. 한 기자가 교회를 짓고 있던 인부 세 명에게 차례대로 같은 질문을 했더니 세 인부의 대답이 각각 달랐다. 첫 번째 인부에게 "지금 당신은 무엇을 하고 있습니까?"라고 물었더니 그는 이렇게 대답했다. "보다시피 먹고살려고 일하고 있지요." 두 번째 사람에게도 같은 질문을 하자 이렇게 대답했다. "아, 그야 이 일이 내 직업이니까 하는 거죠." 세 번째 사람에게 질문하자 그는 이렇게 대답했다. "나는 지금 하나님의 교회를 짓고 있습니다."

같은 일을 하더라도 일하는 목적이 남다르다. "지금 당신은 무엇을 하고 있습니까?" 이 질문은 오늘 나름대로 우리 각자가 일하는 목적, 즉 하나님의 소명에 대해 질문한다. 오늘 이 질문을 우리와 함께 일하는 사람들에게 던지면 어떻게 대답을 할까? 어떤 사람들은 호구지책으로 일하기도 한다. 뭐니 뭐니 해도 'Money'가 가장 중요하다면서 일의 목적을 돈과 연관시키는 사람들이 있다. 틀린 말이 아니고 우리 크리스천들에게도 돈을 버는 목적이 포함된다. 또 어떤 사람들은 직업 그 자체에 의미를 부여하기도 한다. 직업을 통해 얻을 수 있는 보람과 사회적 기여, 자원봉사, 재산의 사회 환원과 같은 의미(Meaning)를 중요하게 여기는 사람들도 있다. 사실 직업에 대해서 이런 의미와 가치를 부여하기만 해도 남다를 수 있다.

그러나 그것이 끝은 아니다. 세인트존교회를 짓던 인부 중 마지막 사람은 자신이 하는 일을 하나님이 부여하신 일을 감당하는 사명(Mission)으로 보았다. 사도 바울이 힘든 일을 하고 사람대접도 받지 못하던 노예 성도들에게 그들이 하는 일이 다 하나님의 일이라고 권면하고 있다. 그들이 섬기는 주인들을 하나님 대하듯 대하고 그들이 하는 무슨 일이든 그 일을 주님께 하듯이 하라고 권면한다. 그런데 바울이 말하는 '무슨 일'은 참 힘든 일이었다. 당시 노예제도가 사회의 기본적인 경제체제를 형성하고 있던 로마 사회에서 집안의 종들이 해야 하는 일은 많았다. 가정경제에 관한 일도 그들이 책임졌다. 집안의 모든 자질 구레한 일도 모두 종들이 했다. 우리 식으로 하면 옛날의 '요 강'과 같이 주인의 배설물이 담긴 그릇을 아침에 치워야 하는 일도 그 종들이 하던 일이었다.

바울은 바로 그런 모든 일을 주님께 하듯이 하라고 명령하고 있다. 오늘 우리도 우리에게 주어진 일을 할 때 이런 자세가 필 요하다. "당신은 여기서 무엇을 하고 있습니까?"라는 질문을 받 으면 어떻게 대답하겠는가? 하찮고 귀찮은 일, 어제 하던 일을 반복해서 하는 일, 그 모든 일을 우리는 주님께 하듯이 해야 한 다. 우리도 이렇게 일을 통해 하나님을 섬기고 있다.

우리가 하는 일상의 일이 어떤 의미가 있는지 보여주는 한 사 건이 있었다. 지난 2001년 9월 어느 평일 아침, 미국 뉴욕에 사 는 한 여성이 주변을 지나가는 비행기 소리를 들었다. 늘 듣던 소리와 조금 달랐고 낮게 날아가는 것이 이상했다. '이상하네!' 하고 밖을 보다가 믿지 못할 광경을 목격했다. 시뻘건 화염이 일고 있는 건물은 뉴욕을 대표하는 쌍둥이 건물 세계무역센터 였다. 바로 2001년 9.11 테러 사건이다. 이슬람 무장단체에 의 해 동시다발적인 항공기 납치와 자살 테러가 벌어졌다. 국방부 청사인 펜타곤까지 공격받았다. 네 대의 비행기에 타고 있던 승 객 266명, 전원 사망. 세계무역센터 건물의 사망 또는 실종 인원 약 3천 명, 워싱턴 국방부 청사 사망 또는 실종 125명. 인명 피해만 무려 3,500명이었다. 뉴욕뿐 아니라 미국 전체가 공포에 빠지고 아수라장이 되었다. 우리나라 사람들에게 세월호 사건이 아픔과 트라우마로 계속 남아 있는 것처럼 이 사건은 미국인들에게 큰 충격을 주었다.

낮게 날던 비행기 소리를 듣고 놀랐던 여성은 뉴욕대학교의 에이미 레즈네스키 교수였다. 학교에서 만난 제자들도 무거운 표정으로 생각에 잠겨 있거나 눈물을 흘리며 강의실에 앉아 있었고 수업을 진행할 수 없었다고 한다. 그날 수업 계획으로는 조직과 팀에 대해 학습해야 했지만 레즈네스키 교수는 그런 건 중요하지 않다는 생각이 들었다. 뭔가 의미 있는 걸 해야겠다고 결심한 레즈네스키 교수는 9.11 테러 사건 후에 사람들 사이에 나타난 변화에 주목했다. 시간이 흘러가니 뚜렷한 특징과 변화가 있었다.

사건 직후 돈이나 물품 기부, 자원봉사 등의 노력이 한동안 지속되었고, 충격과 공포를 극복하면서 사람들이 생각하기 시작했다. 인간은 죽음을 피할 수 없는 존재이고 언제든 죽을 수 있다는 사실, 이 둘을 연결시키면서 사람들은 자신에게 질문을 던졌다. 그리고 답을 찾으며 인간관계를 검토했다. 그러다 보니 가족의 사랑을 생각하고 친구들과의 관계를 돌아보았다. 전화를 걸어 안부를 묻고 직접 찾아가 대화를 나누었다. 소원했던 신앙생활을 다시 열심히 하기도 했다. 이런 변화가 일어났는데, 주목할 부분이 하나 있다. 사람들이 삶과 죽음을 생각하고 스스로 답을 찾아가면서 가장 심각하게 검토한 것 중 하나가 바로 '일'이었다는 사실이다. 삶의 다양한 영역 중에서 자신이 하고 있는 일과 맡은 역할을 돌아보기 시작했다. 레즈네스키 교수는 사람들이 이런 질문을 했다고 말한다.

"나는 시간을, 또 에너지를 어떻게 써왔는가?"

"내가 진정으로 하려고 하는 것은 무엇인가?"

"나는 일을 통해 어떤 역할을 하고 있나?"

"나는 일하면서 주변 사람들에게 도움을 주고 있나? 내가 속한 사회에 기여하려면 뭘 어떻게 해야 할 것인가?"

"나는 나의 편안함과 이익에만 초점을 맞추고 있는 건 아닌가?"

중요한 변화였다. 사람들이 9.11 테러를 겪으면서 일의 의미와 목적, 일을 대하는 평소 태도를 검토하고 일에서 정말 중요한 것이 무엇인지를 고민했다. 지금보다 더 가치 있는 일을 하겠다며 실제로 직업을 바꾼 사람도 늘어났다. 돈이나 명예보다 근본적으로 중요한 게 있다는 점을 깨달았다. 일을 통해 자신의 정체성을 표현하고 주위에 도움을 주며 삶을 의미 있게 만들어갔다. 그래서 자신의 일을 '소명'으로 바라보았다.

만약 이런 분위기가 이어졌더라면 백인 경찰들과 흑인들 간에 전쟁 같은 상황으로 몰아가는 미국의 고질적인 흑백갈등이 그렇게 이어지지 않았을 것이다. 여하튼 레즈네스키 교수는 남은 인생을 살아가려고 고민하는 사람들이 자신의 일이 소명 (calling)이라는 의식을 가지고 실천하려 했다는 점에 큰 의미를 둔다. 우리 모두 삶을 살아가는 이유와 일의 의미, 일하는 방식을 검토해야 한다고 강조한다. 이 논문은 "It's Not Just a Job: Shifting Meanings of Work in the Wake of 9/11"이란 제목으로 〈JOURNAL OF MANAGEMENT INQUIRY〉라는 일반 경영관련 학술지에 실렸다. 교회관련 논문이 아니다(하유진 지음, 「내가 이끄는 삶의 힘」, 토네이도 펴냄, 6-12쪽).

••• 스토리 메시지

이렇게 직업심리학에서도 소명이라는 단어를 분명하게 사용한다. 소명(Calling)은 본래 부르는 주체(Caller)가 있어야 하는데, 세상 사람들은 하나님이 부르신다는 사실은 자각하지 못하지만 내면의 소리, 즉 마음의 소리가 자신을 불렀다고 생각한다. 요즘에는 정치인이나 직업인들의 인터뷰를 다루는 뉴스에서 '소명'이라는 말을 종종 들을 수 있다. 이렇게라도 소명에 대해 사람들이 인식하고 있는 것은 고무적이다. 과연 하나님을 믿는 우리, 하나님의 부름받은 나는 어떤 소명을 가지고 일하며 살아가고 있는가? 질문에 분명한 답을 할 수 있어야 한다.

고통스러운 세상에서
크리스천다움이란?

알렉산드르 솔제니친이 소련 당국에 억류되어서 수용소생활을 할 때의 일이다. 당시 다른 죄수들처럼 솔제니친도 밭일을 했다. 날마다 등이 부러질 것 같은 중노동과 서서히 굶어 죽어가는 그 길에 들어섰다. 그런 희망 없는 현실을 견디기 힘들던 어느 날, 솔제니친은 삽을 내려놓고 천천히 작업장 한편에 있는 벤치로 걸어갔다. 그가 그곳에 앉은 모습이 감시원에게 발견되면 일어서라고 명령할 것이다. 그 말을 듣지 않고 그 벤치에 계속 앉아 있으면 그 자리에서 삽과 곡괭이로 맞을 죽을 것을 솔제니친은 잘 알고 있었다. 여러 차례 그런 일을 보았다.

솔제니친이 벤치에 앉아서 고개를 숙이고 있는데 옆에 누군가 왔다는 것을 느꼈다. 솔제니친은 천천히 고개를 들어서 옆에 앉은 사람을 보았다. 주름진 얼굴에 아무런 표정도 없는 한 노인이 앉아 있었다. 그런데 노인이 몸을 구부리고 솔제니친의 발밑에 있는 모래 위에 막대기로 무언가를 그렸다. 천천히 반복해서 그리는 모양은 바로 십자가였다.

노인의 막대기 끝을 주목하던 솔제니친이 알아차렸다. 자신은 소련 당국에 저항하는 한 약한 인간에 불과하다 생각하고 너무 힘들어 이제 포기하고 죽음을 결심했다. 그런데 생각해보니 예수님의 십자가가 바로 전 인류의 소망인 것을 깨달을 수 있었다. 그 십자가의 능력만으로 무엇이든 가능하다는 사실을 어렴풋이 느꼈다. 솔제니친은 천천히 일어났다. 그리고 다시 삽을 집어 들고 작업장으로 돌아갔다(찰스 콜슨 지음, 「러빙 갓」, 홍성사 펴냄, 284-285쪽).

솔제니친이 자신의 극심한 고통을 견뎌내지 못했다면 어떻게 되었겠는가? 노인이 흙바닥에 그린 십자가 모양을 보고 고난과 죽음의 터널을 통과하면 언젠가 예수님의 부활과 같은 일을 경험할 수 있으리라 기대하고 용기를 냈다. 여전히 미래가 두렵지만 예수 그리스도의 십자가를 통해 미래를 기대하게 되었다. 이런 희망이 솔제니친의 작품 속에 담겨 있는 것을 확인할 수 있다. 반체제활동 혐의로 체포되어 11년간 수용소생활과 유배생활을 경험한 솔제니친이 어떻게 어려운 현실을 이겨내고 크리스천다운 삶을 살아야 하는지 그의 소설 「이반 데니소비치, 수용소의 하루」(민음사 펴냄)에서 보여주고 있다.

소설은 주인공 이반 데니소비치 슈호프가 겪은 하루의 일을 다루는데, 슈호프가 수용소 안에서 만난 한 멋진 크리스천의 모습도 보여준다. 그는 침례교도라는 신앙적 이유로 25년 형을 선고받아 수감된 알료쉬카라는 인물이다. 그는 기도로 하루를 시작하고 수첩에 깨알 같은 글씨로 적은 복음서를 종종 소리 내며 읽어서 동료들에게 전도하려는 열정을 가진 사람이다.

이 알료쉬카는 영창에 가지 않은 것을 감사한다고 하나님께 기도하는 슈호프의 말을 놓치지 않고 하나님을 향한 진정한 관심을 일깨워준다. 영혼에 관한 기도를 드려야 한다고 슈호프를 설득하는 알료쉬카는 자유를 원하는 기도를 드려서는 안 된다면서 이렇게 말한다.

"뭣 때문에 당신은 자유를 원하는 거죠? 만일 자유의 몸이 된다면 당신의 마지막 남은 믿음마저도 잃어버리게 될 거예요. 감옥에 있다는 것을 즐거워하셔야 해요!"(위의 책, 203-204쪽).

그런데 알료쉬카는 단순히 종교적인 티만 내는 것이 아니라 진정한 크리스천의 모습을 보여준다. 슈호프가 벽돌을 쌓는 일을 할 때 같이 일하는 팀원 중 한 사람이 게으름을 피워서 팀워크에 문제가 생겼다. 슈호프가 이미 일을 마친 알료쉬카에게 도와줄 수 있느냐고 부탁을 하자 알료쉬카는 그런 어려운 부탁도 마다하지 않는다. 자기에게 할당된 일을 마친 후에도 동료의 일을 도와주는 사람이었다. 강제 노동을 하는 수용소에서 이런 사람이 있을 수 있는가? 슈호프는 알료쉬카에게서 크리스천의 이미지를 보았다.

결국 슈호프도 수용소의 삶에서 하나님이 주신 사명을 다하려고 하는 알료쉬카의 믿음에 감동하게 된 것이 틀림없다. 그런데 솔제니친이 이 소설에서 침례교도 알료쉬카를 등장시켜 헌신적으로 착한 일을 하는 사람으로 묘사하는 것은 의미가 있다. 혹시 솔제니친이 수용소생활을 하면서 알료쉬카라는 캐릭터의 모델이 될 만한 사람을 만나보았던 것은 아닐지 합리적인 상상을 해볼 수 있다.

솔제니친이 수감된 수용소에 보리스 코른펠드 박사가 수감되었다. 그는 러시아에 살던 유대인 의사였다. 그는 "스탈린도 신이 아닌 인간이었다"라고 말한 죄로 체포되어 강제노동수용소에 수감되었다. 의사였던 코른펠드에게 수용소가 맡긴 일은 죄수들이 병원에서 죽지 않고 노동력을 제공하게 하는 임무를 완수하게 하는 일이었다. 그는 죄수가 건강하든 그렇지 않든 웬만하면 의료카드에 건강하다고 적어 죄수들을 작업장으로 보내도록 압력을 받았다. 코른펠드의 의료행위는 기계적이고 형식적으로 변해 갔고 그로 인해 의사로서 갈등하고 있었다.

그러던 어느 날, 코른펠드는 동료 죄수에게 전도를 받았다. 그가 예수님을 만나게 된 그날부터 자신이 복음에 빚진 자임을 깨닫고 환자들을 정성을 다해 치료하기 시작했다. 수용소 사람들을 몹시도 괴롭히던 간수가 다쳐서 의무실에 왔는데, 순간적으로 그는 혈관 봉합수술을 하며 속에서 혈관이 터지게 하여 아무도 모르게 그를 죽이고 싶은 유혹을 받았다. 하지만 이내 기도한 후 마음을 고쳐먹었다. 그렇게 회심한 코른펠드는 약품을 낭비하고 환자들에게 관대하다며 수용소 측의 경고를 몇 차례 받기도 했다.

그럼에도 그는 대장암에 걸린 젊은 죄수를 수술해주었다. 코른펠드는 또 한번 수용소의 경고를 무시하고 치료비용이 많이 드는 죄수를 살렸다. 그의 소생이 확실해진 어느 날, 치료받던 그 환자가 이렇게 하면 당신의 생명이 위험한데 왜 이렇게 치료해주었느냐고 물었다. 그러자 코른펠드는 그 환자에게 이렇게 말했다.

"괜찮아요. 당신과 나를 살리기 위해 이미 죽으신 분이 있으니까요."

"그가 누굽니까?"라고 묻는 환자의 귀에 "그의 이름은 예수 그리스도입니다"라고 코른펠드 박사는 속삭였다.

코른펠드 박사는 환자의 빵을 훔쳐 먹는 당번의 불의도 고발하여 당번들과도 갈등을 겪었는데 생명의 위협을 느끼던 중 결국 죽임을 당했다. 간수에게 그 소식을 전해들은 젊은 죄수가 소리쳤다.

"보리스, 이제는 내 차례입니다. 이제는 내가 그 사랑을, 그 생명을 전하겠습니다."

이 젊은 죄수가 누구인 줄 아는가? 그가 바로 나중에 소련의 강제노동수용소의 참상을 고발하고 노벨상 수상 작가가 된 알렉산드르 솔제니친이다(찰스 콜슨, 「러빙 갓」, 284-285쪽).

・・・ 스토리 메시지

우리 크리스천들의 믿음은 우리의 직장과 삶의 터전에서 소설 속 알료쉬카처럼, 그 인물의 모델이 되었던 보리스 코른펠드 박사처럼 크리스천다운 이미지로 드러나야 한다. 고통스러운 환경에서도 착한 행실을 보이려고 노력할 때 영적 능력이 나타날 수도 있다. 그러면 우리는 복음을 전할 기회를 얻을 수도 있고, 일터에서 당당하게 크리스천다움을 드러내서 하나님께 영광을 돌릴 수도 있다. "이같이 너희 빛이 사람 앞에 비치게 하여 그들로 너희 착한 행실을 보고 하늘에 계신 너희 아버지께 영광을 돌리게 하라"(마 5:16).

C·H·A·P·T·E·R·05

허드렛일만 하는 나에게
미래가 있나요?

전에 꽤 규모 있던 한 IT회사의 총무팀에서 일하는 김 주임이
사목인 나를 찾아와 이런 고민을 이야기했다.

"저는 제가 하고 싶은 일을 하지 못해 아쉽습니다. 총무팀에서
제가 하는 일은 저만 하는 일이 아니라 누구나 할 수 있는 일이
라서 무시당하는 것 같아 답답합니다. 일을 열심히 해도 별로 표
도 안 나고, 만약 제대로 안 하면 바로 깨집니다. 취업해서 2년
가까이 이런 일만 하는 제가 너무 답답합니다."

가만히 이야기를 들어보니 김 주임은 총무팀에서 자신이 하는
일을 잘 정의하고 있었다. '해도 칭찬 들을 일 없고 안 하면 야

단맞는 일!' 자신은 경영학을 전공했고, 회사의 기획팀 같은 부서에서 전문성을 쌓으면서 일하면 좋겠다고 했다. 자신에게 어떤 미래가 있는지 몰라서 답답해했다. 교회에 다니지 않아서 성경 이야기를 잘 모르는 형제였지만 그때 나는 요셉의 이야기를 해주었다.

성경에서 최고의 꿈꾸는 사람으로 알려진 요셉은 한번도 이력서를 써본 적이 없었다. 무슨 뜻인가? 요셉은 자기가 하고 싶은 일을 해본 적이 한번도 없었다는 뜻이다. 요셉이 했던 일을 살펴보면 '요셉의 이력서'를 작성할 수 있다. 먼저, 요셉은 자기 집에서는 가업인 유목을 하는 목동으로 일했다. 요셉은 태어나면서부터 목동이었다. 이후 형들에게 팔려 간 애굽에서는 노예로 일했다. 모함을 받아 억울하게 감옥에 들어갔을 때도 감옥 안의 모든 일을 맡아 해야 했다. 요셉은 자기가 원하는 일을 한번도 하지 못했다. 그가 했던 일은 다 맡겨진 일이었다.

그러다가 시간이 지난 후 서른 살이 되었을 때 하루아침에 애굽의 국무총리가 되었다. 그러면 총리로 임명받았을 때 요셉이 가슴 벅차고 기쁘기만 했겠는가? 요셉이 총리 일을 하고 싶었을까? 변변한 직업도 없이 노예생활을 거쳐 감옥에서 몇 년을 지낸 사람이 세계최대 최강제국의 실권자가 되어 생소한 나랏일을 다 책임질 수 있었을까? 요셉이 하게 된 국무총리의 일도 억지로 맡겨진 일이었다.

요셉의 별명은 아마도 '어딜 가나 총무'였을 것이라고 김 주임에게 이야기했다. 무슨 뜻인지 알고 그의 얼굴이 조금 밝아졌다. 요셉의 이력서를 보면 유사한 패턴이 있다. 어린 시절에 목동으로 일하다가 시간이 지나서는 총무의 역할을 했다. 아버지가 형들이 일하는 곳에 요셉을 보내 일종의 감시를 하게 했다. 요셉은 형들이 손실난 양과 염소를 아버지에게 보고하지 않는다거나 돈을 좀 빼돌리는 것 같은 일을 그냥 묵과하지 않고 아버지에게 다 고자질했다. 그로 인해 형들에게 미움을 받았는데도 말이다.

애굽으로 팔려가서 바로 왕의 친위대장 보디발의 집에서 노예생활을 할 때도 시간이 지나니 가정총무가 되었다. 집안의 모든 일을 책임지는 집사의 역할이었는데, 주인인 보디발이 자기가 먹는 음식 외에는 아무것도 간섭하지 않을 정도로 보디발 집의 총무역할을 잘 감당했다. 모함을 받아 감옥에 들어간 후에도 시간이 지나니 간수장이 아무것도 신경 쓰지 않을 정도로 감옥 안의 일을 다 맡아 하는 감옥총무의 역할을 했다.

요셉은 이렇게 어떤 곳을 가든지 자기가 속한 조직의 크고 작은 일을 챙기고 다니느라 바빴다. 누가 총무로 임명하지 않아도 요셉은 어딜 가나 스스로 총무역할을 했고 그로 인해 인정받았다. 그렇게 어디서나 총무역할을 하다 보니 결국 요셉은 어떻게 되었는가? 나중에 당시 세계최대 최강제국 애굽의 총리가 될 수 있었다. 애굽의 총리가 되었을 때도 요셉은 주인의식을 가지고 제국의 전반을 책임지는 '총무'의 역할을 했다. 총리가 결국 나라의 총무역할을 하는 사람이 아닌가?

작은 규모의 조직에서 총무의 일을 제대로 하지 못하는 사람은 나라의 총무가 된다 해도 일을 제대로 하지 못한다. 이것은 너무도 당연한 원리이다. 그런데 사람들은 이 원리를 쉽게 무시하곤 한다. '나는 적어도 천 명 이상 규모의 조직에서나 진가를 발휘하고 좀 움직여볼 마음이 생기는 사람이지, 이런 작은 조직은 적성에 영 안 맞아서!' 이런 생각인가? 오늘 일하거나 살아가는 곳에서 남들은 다 하기 싫어하는 뒤치다꺼리를 어쩔 수 없이 해내며 답답함을 많이 느끼는가? 큰일이 맡겨지면 지금보다 훨씬 잘할 것 같아 푸념만 늘어 가는가?

그렇다면 요셉에게 한 수 배워야 한다. 오늘 내게 주어진 총무의 역할에 대해 주인의식을 발휘해서 제대로 감당하지 못하면 더 큰 조직을 맡을 기회가 오지도 않는다. 설령 기회가 오면 더욱 큰일이다. 기회가 와도 제대로 감당할 능력이 없기 때문이다. 오지랖 넓게, 맡겨지지 않은 일도 해내겠다는 마음으로 주인의식을 갖는 것이 중요하다.

요셉이 '어딜 가나 총무'로 지내면서 자기 일을 어떻게 했는지 보여주는 에피소드들이 있다. 목동 시절에 헤브론에 살던 요셉이 아버지의 심부름으로 유목을 위해 출장을 가 있던 형들을 찾아간 일이 있었다. 목적지인 세겜까지는 직선거리로 80킬로미터였고 산악지형의 꼬불꼬불한 길로 100킬로미터나 되는 거리였다. 그 일을 마다하지 않고 떠난 요셉은 세겜에 가서 형들을 찾았지만 그곳에 없었다. 도단이라는 곳으로 갔다는 말을 들었는데, 도단은 세겜에서 집과 반대방향인 북쪽으로 다시 30킬로미터나 더 가야만 하는 곳이었다. 도단까지 갔다가 집으로 돌아가려면 며칠은 더 걸릴 테니 아버지가 걱정하시겠지만 요셉은 포기하지 않았다. 이런 성실함이 요셉이 어린 시절부터 보여준 주인의식이다.

감옥에 있을 때도 요셉은 함께 갇힌 술 맡은 관원장과 떡 굽는 관원장의 얼굴에 근심하는 표정이 있는 것을 놓치지 않고 물어봤다. 기분 좋은 일도 아니고 근심거리라면 안 물어보는 것이 더 낫다. 굳이 물어볼 필요가 없다. 그런데도 요셉은 그들의 얼굴에 깃든 근심이 무엇 때문인지 물었다. 이것이 요셉의 주인의식이다.

그러면 혹시 요셉은 감옥이 자기가 평생 있을 곳이라고 체념했을까? 어쩔 수 없이 성실함을 체득했던 것인가? 아니다. 요셉은 사흘 후에 복직하게 될 것이라고 해몽한 술 맡은 관원장에게 일종의 인사청탁을 했다. 술 맡은 관원장이 살아나가면 바로 왕에게 자신의 호소를 전달해서 억울한 자신을 석방해달라고 부탁했다. 요셉은 억울하게 갇힌 그 감옥 안에 단 하루도 더 머물고 싶지 않았다. 살아서 나가고 싶었다. 그런데도 요셉은 감옥 안에서 주인의식을 가지고 사람들의 얼굴표정까지 살피면서 자기의 일을 감당했다. 이런 성실함이 중요하다.

요셉의 이야기를 들은 김 주임에게 요셉의 총리 임명과 같은 깜짝 놀랄 일이 당장 나타나지는 않을 것이다. 그러나 김 주임은 나를 만나러 올 때와는 달리 밝은 표정으로 돌아갔다.

· · · 스토리 메시지

오늘 우리도 어떤 일을 하든지 맡겨진 일에 최선을 다해야 한다. 어떤 상황에서나 인내할 수 있도록 하나님의 도우심을 구해야 한다. 오늘 나의 일터에서 귀찮고 힘든 일, 허드렛일과 잡일을 하더라도 '총무'의 역할을 다하다 보면 뒷날 하나님이 보다 큰 마당에서 총무로 일할 수 있도록 우리를 이끌어주신다. 설령 요셉과 같이 총리가 되지 않더라도 오늘 우리가 성실하게 감당하는 하루의 일은 그 자체로 의미 있고 귀하다.

C·H·A·P·T·E·R·06

특별하지 않은 나의 일상이
사람을 살린다면?

1815년 어느 봄날, 스코틀랜드의 한 강가에서 죽음을 결심한 여인이 있었다. 그녀는 열여덟 살로 젊다 못해 어리지만 자식도 둘이나 있는 제인 데스테르였다. 모든 죽음이 그렇지만 이 여인이 죽음을 결심한 이유 또한 없지 않았다. 당시 유럽에서도 이미 결투가 사회적 비난을 받았지만 영국과 아일랜드에서는 합법적이었다. 제인은 남편에게 아무 말도 듣지 못했으나 친구들이 죽어가는 남편을 집으로 데려왔을 때 남편의 결투 사실을 알았다. 남편은 더블린 시의 보안관 후보였고 한 회사의 평사원이었는데 자기가 다니는 회사에 대해서 대니얼 오코늘이라는 유명한 정치인이 공격적인 조치를 취하자 결투를 신청했다. 사람들의 예상을 깨고 사격 솜씨가 형편없는 상대의 총에 맞아 이 젊은 여인의 남편이 죽었다. 그래서 제인 데스테르는 더 이상 살아갈 희망을 찾지 못하고 죽음을 결심했다.

강물에 몸을 던지려던 제인이 강물을 바라보던 시선이 어쩌다가 강둑 위를 향했다. 강둑 저편에서는 한 젊은 농부가 밭을 갈고 있었다. 제인이 자기 나이쯤 되었다고 봤으니 스무 살도 안 되었을 텐데 그 젊은 농부가 해낸 일솜씨가 너무나 훌륭했다. 그가 새로 만든 밭고랑은 마치 화가가 캔버스에 그림을 그린 듯이 훌륭해보였다. 제인은 죽을 결심을 한 자기의 처지도 잊어버린 채 그 젊은 농부가 일하는 모습에 매료되어 한참을 쳐다보고 있었다.

그리고 서서히 농부의 일솜씨에 대한 감탄과 경이가 자책으로 바뀌었다. 여인은 도대체 자신이 지금 무엇을 하려고 했는지 책망했다. '아버지도 없는 어린 두 아이가 엄마만 의존하고 있는데, 어떻게 나는 나 자신 속에만 파묻혀 있을 수 있는가?'

그런 생각이 들자 여인은 기운을 냈다. 그리고 집이 있는 더블린으로 돌아가서 인생을 다시 시작했다. 이 여인은 죽음의 문턱에서 가까스로 벗어난 지 몇 주 후에 기독교 신앙을 가지게 되었다. 그리고 존 기니스라는 남자와 재혼했다. 존 기니스는 아일랜드 더블린에서 젊은이들이 술독에 빠져 알코올 중독이 되는 것을 막기 위해 '기니스 맥주'를 만든 아더 기니스의 막내 아들이었다. 그리고 존 기니스는 「소명」이라는 책을 쓴 오스 기니스의 고조할아버지이다. 스코틀랜드에 가서 자살하려고 했던 여인 제인이 오스 기니스의 고조할머니이다.

결국 그 비극적인 결투로 인해 오스 기니스의 가족이 탄생하게 되었다. 만약 스코틀랜드의 그 젊은 농부가 없었다면 결투하다 죽은 남편의 비극에 이어 그 아내의 죽음이라는 비극이 뒤따랐을 것이고, 아이들은 고아가 되었을 것이다. 그러면 오스 기니스는 아예 태어나지도 못했다. 결국 제인이라는 여인이 특별한 솜씨로 자기 일에 몰입하던 젊은 농부를 보고 마음을 돌이켰기에 오스 기니스라는 사람이 태어날 수 있었다.

그런데 사실 그 스코틀랜드 농부에 관해서는 알려진 게 거의 없다. 단지 그 농부가 스무 살도 안 되어 보이는 젊은이였고, 밭고랑을 갈 때 쟁기질을 하면서 휘파람으로 찬송가를 부르고 있었다는 사실 정도만 알려졌다. 제인은 그때 그 농부를 딱 한 번 봤고 그 후로 만나지 못했다. 오스 기니스는 자신의 책에서 자기 가족사의 중요한 한 장면에 대해서 이렇게 정리한다. "소명이 삶을 변혁시켜 일상적이고 비천한 일에도 평범함의 광채를 부여한다"(「소명」, IVP 펴냄, 301-304쪽).

우리 삶에도 우연처럼 보이는 일이 많다. 그런데 그 일상 속에는 하나님의 세렌디피티(뜻밖의 발견)가 있다. 제인이라는 여인이 목숨을 버리려는 현장에 한 젊은 농부가 찬송가를 휘파람으로 불며 성실하고 탁월하게 밭을 갈고 있었다. 그 농부는 그저 그날 밭을 갈아야 하기에 평소처럼 자기의 일을 했다. 그런데 그가 일한 그 장면이 한 딱한 여인을 죽음의 구렁텅이에서 구했고, 결국 얼마나 많은 사람의 삶에 영향을 미쳤는지 우리가 생각해봐야 한다.

우리나라 기업인 유한양행에서도 일상 속에서 순간적인 판단이 사람을 살린 일이 있었다. 1930년대 무렵 제약회사의 약 공급은 주로 철도를 통해서 이루어졌다. 그런데 급행열차가 잘 서지 않는 간이역 마을에 약품을 신속하게 공급하는 일이 문제였다. 그 문제를 해결하기 위해 직원들이 노력할 무렵, 홍병규라는 사원이 경기상고를 졸업하고 입사하여 숙소도 없어 회사에서 숙직을 도맡아 하며 지내고 있었다. 1934년 어느 날 밤, 해주도립병원에서 맹장염 수술을 받은 환자가 프랑스제 혈청 주사약이 없어 죽어간다는 급한 연락이 왔다.

홍병규는 냉각장치가 되어 있는 특수창고로 달려가 문을 열고 프랑스 파스돌 사 제품인 앤티갠그린 약병을 꺼냈고, 약병을 두텁게 포장해서 서울역으로 달려갔다. 그래서 경의선 열차 기관사에게 해주역을 지나 토성역에 기차가 서지 않지만 역에 나온 병원 직원에게 약병을 던져달라고 간곡하게 부탁했다. 기관사는 죽어가는 사람을 살리는 일이라며 애원하는 부탁을 못 들은 체할 수 없었다. 그래서 미리 연락을 받고 토성역에서 기다리던 해주 도립병원 직원에게 약병을 던져주었고, 그 환자는 목숨을 건졌다.

다음날 아침, 출근해서 보고를 받은 유일한 사장이 홍병규 사원을 불렀다. 홍병규 사원은 숙직자가 특수창고의 문을 함부로 열었다고 혼이 날 줄 알고 긴장했다. 그러나 유일한 사장은 대뜸 큰소리로 물었다.

"어디서 그런 아이디어를 얻었나?"

홍병규는 잠시 머뭇거리다가 대답했다.

"역에서 보면 열차가 역을 무사히 통과했다는 표시로 기관사가 철로 옆 깃대에 둥근 쇠고리를 던지지 않습니까? 그렇다면 열차가 정차하지 않는 간이역이라도 기관사가 쇠고리를 던지듯이 약품을 던지면 전달할 수 있지 않을까 생각했습니다. 그래서 약병이 깨지지 않도록 솜을 두껍게 넣어 포장해서 서울역으로 달려갔습니다."

그 말을 들은 사장이 만족스럽게 웃었다.

"허허, 그래? 문제가 해결됐네. 해결됐어!"

유일한 사장은 사규를 어긴 숙직사원 홍병규를 나무라기는커녕 원칙에 얽매이지 않고 사람의 생명이라는 더 높은 가치를 추구했다며 크게 칭찬했다. 이후 유한양행에서는 약품 유리병이 깨지지 않는 특수포장 용기를 만들었다. 그리고 열차가 서지 않는 역 근처에 있는 병원에 급한 약이 필요할 때는 특별히 운송 부탁을 받은 기관사가 약품 용기를 플랫폼에 던지면 병원 직원이 받아가는 약품 전달 시스템을 갖추게 되었다(조성기 지음, 「유일한 평전」, 작은씨앗 펴냄, 227-232쪽).

일상 속의 작은 발견을 자신의 일에 적용해 결국 사람의 목숨을 구한 홍병규 사원은 이후에도 회사에 남아 회사 발전에 공헌했고, 유한양행의 사장을 거쳐 회장이 되었다.

• • • 스토리 메시지

제인을 살렸던 젊은 농부는 자신이 그날 밭을 갈던 평범한 일, 전혀 특별하지 않은 일상이 어떤 결과를 가져왔는지 나중에 천국에서 알지 않았을까? 그 사실을 알고 얼마나 보람되고 기뻤겠는가? 그 젊은 농부의 일상을 통해 하나님이 한 사람을 살리셨고 자랑스러운 가문이 대를 이었다. 마치 룻이 이삭 줍는 일을 통해 우연인 것 같지만 맞춘 듯 예수 그리스도의 계보가 이어진 일처럼 말이다.

무슨 일을 하든지
주께 하듯 하기를 힘쓰라

요즘 우리 사회에서 비정규직의 설움과 아픔은 몇 사람만 겪는 일이 아니다. 아르바이트를 하면서 미래에 대한 불안을 겪는 사람도 많다. 퇴사나 은퇴 후에 계속 일하고 싶지만 오랜 실직을 경험하기도 한다. 현재 일을 하고 있으면서도 또 다른 일을 함께하는 '투잡러'가 되어야 하거나 새로운 일을 찾고 있는 사람도 꽤 있다. 그렇다면 어떻게 하는 게 "무슨 일을 하든지 마음을 다하여 주께 하듯" 하는 것인가? 다음의 몇 사람들이 일하던 모습을 통해 배워보자.

콜린 파월은 자메이카 출신 이민자로 미국 뉴욕의 사우스 브롱크스의 가난한 이민자들 사이에서 어린 시절을 보냈다. 집안은 가난해서 늘 일자리를 구하러 다녔다. 어느 해 여름, 콜라공장에서 바닥에 흘린 콜라를 청소하는 일거리를 잡았는데 혼자서 공장 전체 바닥을 닦아야 했다. 어린 파월은 열심히 일했다.

하루는 50개의 콜라병이 들어 있는 상자가 넘어져 순식간에 유리 파편과 콜라가 뒤섞여 바닥이 엉망이 되었다. 공장 사람들은 모른 척 지나가는데 콜린은 불평 한마디 없이 쭈그리고 앉아 유리 조각을 줍고 바닥을 닦아냈다. 우연히 이 모습을 본 공장장은 파월에게 다음 해 여름에도 채용하겠다는 약속을 했다.

1년 후 여름, 콜린이 콜라 공장을 찾아갔을 때 공장장은 바닥 청소를 하는 일 대신 음료를 주입하는 일을 맡겼다. 그리고 여름이 끝날 무렵, 콜린은 음료 주입팀의 부책임자가 되었다. 훗날 아프리카계 미국인 최초로 미국 국무장관에 오른 콜린 파월은 콜라공장에서 일했던 어린 시절을 떠올리며 그 당시 배운 성실함이 자신의 삶을 성공으로 이끌었다고 말한다(존 맥스웰 지음, 「존 맥스웰의 성공 이야기」, 가치창조 펴냄, 26-28쪽).

코미디 왕 찰리 채플린은 무명 시절에 철공소에서 일했다. 어느 날 사장이 너무 바쁘다며 저녁 먹으러 갈 시간이 없으니 채플린에게 대신 빵을 사다 달라고 부탁했다. 하지만 사장은 일을 마치고 난 후 늦은 시간이 되어서야 채플린이 사다준 봉지를 열어볼 수 있었다. 그 안에는 빵과 와인 한 병이 들어 있었다. 사장이 채플린에게 와인을 사온 이유를 묻자 그가 이렇게 말했다.

"사장님은 언제나 일이 끝나면 흡족한 얼굴로 와인을 드시곤 했습니다. 그런데 오늘은 마침 와인이 떨어졌기에 제가 사 왔습니다."

사장은 채플린의 시급을 올려주었을 뿐만 아니라 그 후로 그를 대하는 자세가 달라졌다고 한다. 채플린은 철공소에서 고단한 일을 하면서도 자기에게 주어진 일, 맡겨진 일만 하지 않았다. 주어진 일만 하는 사람은 상대를 감동시키기 힘들다. 시키지 않은 일도 생각해서 하는 이런 성실함이 바로 채플린이 평소에 살아가던 삶의 태도였다.

미국 샌프란시스코 로스알데 힐이라는 작은 마을에는 존이라는 우편배달부가 있었다. 그는 젊었을 때부터 날마다 약 80킬로미터의 거리를 오가며 우편물을 배달했다. 여느 날처럼 존이 우편물을 배달하는데 길가에 모래 먼지가 일자 쓸쓸한 기분이 들었다. '앞으로도 이런 황폐한 거리를 오가며 남은 인생을 보내야 하나?' 존은 풀 한 포기, 꽃 한 송이 없는 그 길이 마치 자신의 인생같이 여겨졌다. 그러던 어느 날 그는 생각했다. '어차피 나에게 주어진 일이다. 해야 할 일이라면 아름다운 마음으로

하자! 나쁜 게 있다면 좋게 만들면 되지 않는가?'

다음 날부터 존은 우편물을 배달하러 나갈 때 들꽃 씨앗을 챙겼다. 그리고 오가는 곳에 그 꽃씨를 뿌렸다. 해가 바뀌자 그가 다니는 길 양옆으로는 계절마다 색색의 꽃들이 앞다투어 피어났다. 존이 일하는 길은 더 이상 황량하거나 쓸쓸하지 않았다.

충남 금산에서 영성수련단체 전원살림마을을 운영하는 장길섭 목사가 의미와 보람을 찾아 일하는 어느 사람을 소개한다. 한 기관에서 "일을 왜 하느냐?"라는 질문에 '돈' 때문이라고 대답한 사람의 비율이 50퍼센트라고 하는데, 그러면 '나머지 50퍼센트는 무엇을 위해 일을 할까?' 질문하면서 한 페인트공을 소개한다.

그의 아버지가 오래도록 페인트칠을 하며 살았는데 아버지는 아들에게만은 자신이 평생 하던 힘든 일을 안 시키고 싶은 소원이 있었다. 다행히 아들이 운동에 소질이 있어서 전북대학교 체육학과를 나와 체육교사가 되었다. 아버지는 아들이 선생님이 된 걸 최고의 자랑으로 여겼다. 하지만 아들은 3년 만에 교사를 그만두고 페인트공이 되겠다고 선언했다. 교사는 자신의 적성에 안 맞아서 못하겠고, 페인트칠 일을 하는 아버지를 존경하고 있으며, 그 일은 잘할 수 있겠다고 말하면서 결국 페인트공이 되었다.

그 아들 페인트공은 고충빌딩까지 줄을 타고 올라가 페인트 칠을 하며, 일하다가 우연히 장길섭 목사의 살림마을에 와서 일하게 되었다. 그런데 장길섭 목사는 한눈에 그 사람이 일하는 것을 보고 '도인'(道人)을 만났다고 고백한다. 어떻게 일을 하기에 그렇게 칭찬을 하는가? 일을 잘하는 건 물론이고 불평불만이 없다고 한다. 남의 탓을 전혀 하지 않고 하루하루의 마무리가 늘 깔끔하다. 얼마에 일할 건지 처음에는 얘기도 하지 않으면서 일을 다 해봐야 안다고 말하고는 일을 다 끝내고 철수한 뒤 며칠 만에 나타나서 무슨 문제가 없냐고 묻고 자기가 한 바퀴 둘러보고 알아서 마감까지 마친 후에야 청구서를 내민다고 한다. 그래서 해마다 전원마을의 모든 페인트칠은 언제나 그 사범대 출신 페인트공에게 다 맡긴다고 한다.

세간의 평으로는 교사라는 직업이 페인트공보다 훨씬 우월하게 느껴지고 페인트칠 하는 일은 흔히 말하는 3D업종 중 하나이다. 그런데도 그는 기꺼이 자신의 적성과 소질에 맞는 일, 아버지가 하시던 그 일을 선택했고 그렇게도 멋지게 해내고 있다 (장길섭 지음, 「라보레무스 : 자 일을 계속하자」, 나마스테 펴냄, 58-59쪽).

나는 과연 의미와 보람을 찾아서 일하는가? 크리스천 직업인으로서 내가 하는 일을 주님께 하듯이 하고 있는지 돌아봐야 한다.

　　어떻게 하면 주님께 하듯이 일할 수 있을까? 특히 힘들고 고단한 일을 해야 하는 직업인들은 어떻게 일할 수 있을까? 일터 사역 강의를 들은 한 분이 자신의 결심을 이야기했다. 주님께 하듯이 일해야 한다는 귀한 가르침을 실천하기 위해서 건물 청소를 하는 자신이 어떻게 일해야 할지 생각해보았다고 했다. 그래서 화장실을 청소할 때 시간과 효율 때문에 독한 소독약을 쓰곤 했는데, 그것이 건강에 좋지 않은 것은 누구나 알고 있는 일이니 독한 소독약을 덜 쓰겠다고 말했다. 시간이 좀 더 걸리더라도 효과적이고 건강에도 해가 되지 않도록 청소할 결심을 했다고 한다. 그분의 결심이야말로 주께 하듯 일하여 세상의 한 부분을 변화시키는 놀라운 일이 아니겠는가?

하던 일을 그만두고
목회자가 되고 싶을 때

"온 지면에 기근이 있으매 요셉이 모든 창고를 열고 애굽 백성에게 팔새 애굽 땅에 기근이 심하며 각국 백성도 양식을 사려고 애굽으로 들어와 요셉에게 이르렀으니 기근이 온 세상에 심함이었더라"(창 41:56-57).

나는 이 구절을 무척 좋아한다. 목사로 살아가지만 비즈니스가 얼마나 중요한 것인지 잘 알고 있다. 월간 〈일하는 제자들〉 편집장 일을 4년 5개월간 하면서 세상에서 돈 버는 일이 얼마나 힘들고도 중요한지 뼈저리게 체험했다. 이 성경구절을 접하면서 느낀 전율을 지금도 잊지 못한다. "요셉의 인생 비전은 이렇게 비즈니스를 통해 세상을 살리는 것으로 꽃피었구나! 너무나 멋지다." 그래서 이 진리를 널리 알리고 다녔다.

강의나 설교를 하면서 "당신들의 비즈니스로 세상을 살릴 수 있다"고 목청껏 외쳐도 사람들은 별로 수긍하지 않는다. "이 말을 목사인 제가 하니 분명한 사실입니다. 만약 평신도로 비즈니스를 하는 분이 와서 이렇게 말한다면 그것은 옳은 이야기지만 '직업 이기주의'입니다. 자신이 비즈니스를 하고 있으니 그렇게 주장하는 것이 아닙니까? 그런데 목사인 제가 '여러분, 목회 현장으로 오십시오. 선교사로 헌신해 타문화권으로 가십시오.' 이렇게 말하지 않고 '여러분의 비즈니스로 세상을 구원할 수 있습니다. 여러분은 이미 직업선교사입니다' 라고 말하니 이것은 진짜입니다. 제 말을 믿어주십시오." 이 정도로 열을 올려야 겨우 반응을 보인다. 영육이원론이 얼마나 우리 크리스천들의 삶에 깊이 뿌리를 내리고 있는지 실감할 수 있다.

미국의 요셉컴퍼니 사역단체의 대표인 로버트 프레이저가 자신의 책「마켓플레이스 크리스천」에서 이야기한다. 지금까지 기독교 역사에서 '위인'이라고 하면 선교사나 목회자를 주로 언급해왔다. 프레이저가 위인전기를 탐독하는 사람이라 서재의 책꽂이 한 면 전체가 크리스천들의 전기로 가득 차 있다고 한다. 어느 날 그가 기독교 위인전 서가를 한눈에 살펴보면서 깨달은 사실이 있다. 리스 하월즈, 데이비드 브레이너드, 조지 뮬러, 찰스 웨슬리, 찰스 피니, 조나단 에드워드, 장 칼뱅, 스미스 위글스워스 등 거의 모두 전임사역자들이었다고 한다.

그러나 반대로 성경의 영웅들 대부분은 '제사장'이 아니었다. 아브라함은 목축업을 하던 사업가, 요셉은 유능한 경영자이자 공무원, 여호수아와 갈렙은 장군, 다윗은 목동, 장군, 그리고 왕이었고, 다니엘과 느헤미야는 정부 관료였다. 그런데 성경 속의 영웅을 우리는 이 시대의 목회자 상이라는 시각으로 해석하려 하니 문제가 아닐 수 없다(순전한나드 펴냄, 21쪽).

정말 그렇다. 히브리서 11장에서 "세상이 감당하지 못하는"(38절) 믿음의 영웅이라고 칭찬받는 사람들은 누구인가? 아벨, 에녹, 노아, 아브라함, 사라, 이삭, 야곱, 요셉, 모세, 기생 라합 등이고, 시간이 부족해서 설명은 다 못하지만 이름만 언급하는 기드온, 바락, 삼손, 입다, 다윗, 사무엘과 선지자들이다. 십여 명쯤 되는 믿음의 영웅들 중에서 오늘날의 전임사역자에 해당하는 사람을 찾아보라.

'선지자들'이라는 표현이 있긴 하지만 모세와 사무엘 정도가 오늘날의 목회자에 해당하는 사람들이라고 생각할 수 있다. 그런데 그들은 하나님의 선지자였지만 겸직을 하고 있었다. 모세는 선지자이면서 동시에 이스라엘의 지도자였다. 사무엘 선지자는 평생 이스라엘의 사사로 일했다. 사무엘은 해마다 그의 집이 있는 라마에서 백성들을 재판했고, 벧엘과 길갈과 미스바로 순회하면서 백성들을 재판하고 다스리는 일을 평생 계속했다(삼상 7:15-17). 히브리서 11장에서 소개하는 믿음의 영웅들 중에서 사무엘과 모세 두 사람만 겸직을 한 사람이고, 나머지 10여 명은 이른바 '평신도'였다. 세상 속에서 치열하게 비즈니스를 하면서 하나님을 섬겼다.

히브리서 11장을 본문으로 한 설교를 많이 들었어도 이렇게 세상 속 직업인의 관점으로 하는 설교는 듣기 힘든 이유가 있다. 세상이 감당하지 못하는 평신도들을 칭찬하고 목회자에 해당하는 사람들은 거의 없어서 설교자들이 설교를 꺼리는 것일까? 혹시 비즈니스를 하는 사람들에게 '영업 비밀'이 있듯이 목사들의 직업적 비밀인 것일까? 함부로 알려주면 안 되는 껄끄러운 부분일지도 모르겠다.

다시 요셉의 이야기로 돌아와 보면 요셉은 지식의 창고에 알곡을 가득 담는 비즈니스를 통해 애굽 사람들을 살렸다. 자기 동족, 이스라엘 백성들을 애굽으로 이끌어 가뭄을 이겨내고, 결국 큰 민족으로 키워내는 산파역할을 했다. 형들에게 미움을 받아 팔려 온 소년 요셉이 결국 비즈니스를 통해 자기 가족을 살리고 세상 사람들을 위기에서 구해냈다.

경제가 어려워지고 청년 실업률이 높아지면 직장인들이나 대학 졸업생들이 또 다른 고민을 하게 된다. '하나님이 혹시 나를 전임사역자로 부르시는 사인이 아닐까?' 나는 하나님이 경제 상황을 어렵게 하셔서 더 많은 사람을 전임사역자로 부르실 수도 있다는 가능성을 부인하지 않는다. 그런데 신학교에 가겠다고 결심하는 청년들이나 친분이 있는 직장인들이 나에게 찾아오면 나는 이 한마디는 꼭 한다. "나도 좀 먹고삽시다. 경제가 좀 어려워졌다고 너도나도 다 신학교로 몰리면 저 같은 별 볼 일 없는 목사는 어떻게 먹고삽니까?" 물론 농담으로 하는 말이다. 사실은 신학교에 가겠다고 찾아와서 나와 이야기한 사람 중 나의 말을 듣고 진로를 바꾼 사람은 단 한 명도 없었다. 다 마음으로 이미 결정한 후 인사하러 오기 때문이다.

그 사람들을 만나면서 감사하게 된다. 쉽지 않은 목회자의 길을 걷겠다고 결심하는 모습이 아름답다. 그런데 앞으로 우리 사회가 고실업 사회가 되어 어려움이 크겠지만 목사 실업자가 많아지는 것도 보통 문제는 아니다. 이미 지금도 여기저기에 사역지를 찾지 못하는 신학교 졸업자가 꽤 많다. 그러니 전임사역자가 되기로 결심한 사람들도 다시 한번 생각해보기를 바란다. 왜 전임사역자가 되려고 하는가? 혹시 세상 속의 직장인으로서 바른 직업관을 가지고 하나님 앞에서 일하듯이 해보지 않고 지레 포기해버린 것은 아닌지 돌아보기를 바란다.

그렇다면 똑똑하고 믿음 좋은 젊은이들만 목사가 되어야 하는가? 그런 젊은이들은 사실 이 세상에서 더욱 필요하다. 그런 믿음 좋은 사람들이 치열한 세상 속에서 하나님 나라의 진정한 일터사역자가 되어야 한다. 믿음 좋고 능력 있는 우리 젊은이들이 말도 안 되는 사람들이 설치는 정치계에 입문해야 한다. 비리투성이인 기업계에 진출하고 연예계에 가고 교육계에 가야 한다. 그래야 세상이 바람직하게 변하고 하나님의 나라가 이 땅에 이루어진다.

• • • 스토리 메시지

영원한 생명을 얻기 원한 부자 청년에게 예수님이 말씀하셨다. "네가 온전하고자 할진대 가서 네 소유를 팔아 가난한 자들에게 주라. 그리하면 하늘에서 보화가 네게 있으리라. 그리고 와서 나를 따르라"(마 19:21). 예수님은 그 부자 청년에게 재산을 전부 사회에 기부하고 좇으라고 말씀하지 않으셨다. 재산을 팔아서 가난한 자들에게 나누어주라고 하셨다. 여기서 '파는 것'이 바로 비즈니스 아닌가? 또한 그렇게 재산을 팔아 얻은 돈을 가난한 사람들에게 나누어주는 것도 요즘 식으로 말하면 재산의 사회 환원이고 비영리단체의 운영이다. 이것도 비즈니스와 연관된 일이다. 예수님을 따르는 제자가 되는 일만이 아니라 소유를 팔아서 가난한 자들에게 주는 일도 하나님이 기뻐하신다. 우리가 하는 모든 일이 다 하나님의 나라를 위한 복된 일이다.

어떻게 일하는지 알려주는
관계 이야기

C·H·A·P·T·E·R·01

인정받지 못할 때,
야곱 혹은 모르드개?

승진에서 밀려 홧김에 퇴사하는 직원들은 인정받지 못하니 떠난다고 마음속으로 외친다. 공정함을 추구한다고 하지만 세상의 비즈니스 현장에는 불공정한 일이 꽤 많다. 그래서 인정받지 못하는 사람이 생길 수 있다. 호봉제가 사라지면서 연봉으로 평가받을 때도 억울함을 경험할 수 있다. 성과나 인사고과는 정량적인 부분을 주로 반영하기에 정성적인 평가를 제대로 받지 못하는 경우도 많다. 이렇게 인정받지 못할 때 어떻게 대응할지 성경 속에 등장하는 두 유형의 사람들을 살펴보자.

먼저 '야곱 유형'이다. 야곱의 입장에서는 14년간 두 아내를 얻으려고 외삼촌 라반을 위해 일한 것이 노동력 착취라고 생각할 수 있다. 당시의 '신붓값'을 고려해도 한 아내를 위해 7년간의 노동력을 제공하는 것은 과도했다. 그래서 일종의 반발심리로 자신이 본 손해를 보상받아야 한다고 생각했다. 야곱이 밤낮으로 애쓰고 일하며 꿈에서 아이디어를 얻을 정도로 몰입해서 일한 노력은 평가받아야 한다. 그런데 야곱은 자신의 업무능력이라고 할 수 있는 수태의 비밀을 그렇게 차별적으로 적용해야 했을까? 양과 염소들이 교미할 때 눈에 보이는 이미지가 새끼들의 털 색깔을 좌우한다는 점을 발견하여 업무를 개선했고, 실적 향상에도 크게 기여했다.

그런데 튼튼한 양들이 교미할 때만 자신에게 할당된 몫인 얼룩이나 점이 있는 검은 양과 염소들이 태어나게 한 것은 뭔가? 그래서 약한 양과 염소들은 라반의 것이 되게 하고, 튼튼한 양과 염소들은 자기의 것이 되게 하는 야곱의 못된 행동은 따지고 보면 계약위반이 아니겠는가?

야곱의 말 속에 그의 억울함이 담겨 있다. "하나님이 이같이 그대들의 아버지의 가축을 빼앗아 내게 주셨느니라"(창 31:9). 이것은 한마디로 말해서 "내 것은 내가 알아서 챙긴다!"는 심산이다. "내 능력에 맞는 대접을 제대로 받지 못하니 내가 받을 연봉은 내가 챙긴다"는 박탈감과 피해의식의 발로이다. 이런 생각을 가지고 있는 직장인이 더러 있다. 그런데 과연 이런 자세가 바람직한지 확인해봐야 한다.

영화 〈매드 시티〉(Mad City, 1997, 코스타 가브라스 감독)에서 한 직장인이 자신의 일터에서 생산해낸 결과물이 과연 누구의 소유인지 질문한다. 인질극이 일어난 상황에서 현장 취재기자와 본사 앵커 간의 갈등을 볼 수 있다. 지방으로 좌천된 기자 맥스 브라켓이 잡은 특종 기사를 본사의 메인 앵커 캐빈 홀랜더가 빼앗아 자기 것으로 만들려고 하는데, 둘은 예전부터 라이벌 관계였다. 그런데 인질범 샘의 실직 상황과 그의 인간적인 면을 부각해야 진실을 보도하는 것이라고 맥스가 주장한다. 앵커 캐빈은 인질범의 범법성을 드러내 뒤바뀐 여론의 향배에 따라야 한다고 주장한다. 그러니 맥스에게 그 사건에서 손을 떼라 하고, 화가 난 맥스는 이렇게 소리친다.

"이 기사는 내 것이오!"

그러자 방송국 스튜디오에 있던 한 직원이 그 말을 받아 이렇게 말한다.

"아니오. 그 기사는 방송국의 재산이오."

결국 방송사를 등에 업은 캐빈은 맥스가 취재했던 기사 자료 중에서 샘에 대해 부정적인 내용을 편집해서 자신의 취재처럼 보도한다. 직장인이 한 일터에서 일하면서 얻은 지식이나 노하우가 어디까지가 회사의 소유이고 어디까지가 당사자의 소요인지 논의하는 일은 여전한 숙제이다. 공직이나 특정 직업영역에서 일하는 사람들이 재취업을 할 때는 일정한 유예기간을 두는 법도 있고, 아예 재취업을 금하는 법도 있다.

우리가 오늘 일터에서 일하면서 야곱과 같이 행동한다면 어떤 평가를 받을까? 일터에서 내가 수고하고 애쓴 것만큼 인정받지 못하는 경우가 있다. 안타깝지만 그런 현실을 부인할 수 없다. 내가 노력한 만큼 인정받으면 좋겠는데 여러 이유로 제대로 평가받지 못할 가능성은 높다. 이런 경우에 직장인들은 어떻게 하면 좋은가? 성경 속에서 또 다른 대안을 찾아보자.

두 번째는 '모르드개 유형'이다. 페르시아 궁궐의 문지기였던 유대인 모르드개는 아하수에로 왕을 살해하려는 반역자들을 고발하여 왕의 목숨을 구하는 공을 세웠다. 그런데 아무런 보상이 없었다(에 2:21-23). 모르드개는 그저 기다릴 수밖에 없었다. 그러던 어느 날 밤, 아하수에로 왕은 잠이 오지 않았다. 평범한 사람들이 잠이 오지 않으면 불면증이지만 왕이 잠이 오지 않으면 역사가 일어나는 경우가 종종 있다. 아하수에로 왕이 잠안 오는 밤을 효과적으로 보내기 위해 궁정일기를 읽게 했다. 그때 왕은 모르드개가 자신에 대한 살해음모를 고발하여 반역을 막은 일을 들었다. 하지만 그에 대한 보상이 없었음을 왕은 뒤늦게 알았다. 그래서 모르드개는 나중에 보상을 받게 되었다(에 6:1-14). 무려 8년이 지난 후였다.

모르드개가 뒤늦게 보상받은 이 일은 유대인들이 하만의 흉

계로 몰살당할 위기에 처한 상황에서 극적인 반전을 가져오는 중요한 계기가 되었다. 에스더의 "죽으면 죽으리라!"는 단호한 결심과 더불어 모르드개의 보상받지 못한 인내가 합해져서 결국 하만이 몰락하고 유다 백성들이 페르시아에서 구원을 얻고 살아나 하나님의 영광을 크게 드러냈다.

결국 하나님은 페르시아 제국의 한 직장인이 일터에서 제대로 보상받지 못한 억울함을 통해 이렇게 멋지게 역사해주셨다. 우리가 일터에서 제대로 보상받지 못했다는 생각이 들고 그런 상황에 처했을 때 모르드개처럼 기다리는 것도 의미 있는 한 가지 방법이다. 언제까지나 기다리고 있으면 억울하겠지만 그리 급하게 마음먹지 않고 느긋하게 기다리면 오히려 더 좋은 기회가 될 수도 있다.

보상에 대해서 따져보자면 우리 그리스도인들은 이 세상에서 잘한 일을 다 보상받지는 못한다. 그런데 다 보상받지 못해도 그리 억울할 필요는 없다. 이 땅에서 받지 못해도 '천국 상급'으로 보상받을 수 있다. 따라서 너무 조급해하지 말고 기다려보는 미덕도 필요하다. 이 땅에서 우리가 노력한 만큼 받으면 좋지만 그렇지 못한 경우도 많다. 예수님이 제자들에게 하신 말씀을 기억해야 한다. "내가 진실로 너희에게 이르노니 나와 복음을 위하여 집이나 형제나 자매나 어머니나 아버지나 자식이나 전토를 버린 자는 현세에 있어 집과 형제와 자매와 어머니와 자식과 전토를 백 배나 받되 박해를 겸하여 받고 내세에 영생을 받지 못할 자가 없느니라"(막 10:29-30).

우리는 현세에서 하나님이 주신 보상을 받을 수 있는데 "박해를 겸하여 받는다"는 사실을 기억해야 한다. 보상을 못 받을 수도 있다. 그러나 천국에서 주어지는 영생과 천국 상급은 분명히 우리에게 약속되어 있다.

• • • 스토리 메시지

무엇보다 야곱에게 아쉬웠던 점이 한 가지 있다. 장인 어른이기도 했던 외삼촌 라반과 왜 마음을 열어놓고 대화하지 못했을까? 하긴 대화는 혼자서 하려고 하면 가능하지 않다. 하지만 야곱이 적극적으로 자신이 문제라고 느끼는 일에 대해 외삼촌 라반과 대화를 하기 위해 노력했다면 수태법을 자신에게만 이익이 되도록 적용하지는 않았을 듯하다. 어떤 어려운 상황도 마찬가지지만 특히 자신이 인정받지 못하는 상황이라면 그 문제를 가지고 대화를 시도하려고 노력해야 한다. 그러면 문제를 풀어낼 기회를 얻을 수 있다. 자신이 일한 만큼 인정받지 못한 야곱에게 아쉬움이 진하게 남는다.

힘들게 하는 윗사람,
들이받고 떠나야 하나?

한 권사님과 이야기를 나누다가 아들에 대한 걱정을 듣게 되었다. 아들의 직장상사가 아들을 너무나 괴롭힌다고 했다. 그 상사는 자기는 여섯 시에 시간 맞춰 퇴근하면서 권사님의 아들에게는 내일 아침까지 마쳐놓으라고 일을 던져주고 가는데, 그 일을 다하려면 밤새워 해도 마치기 힘든 경우도 있었다. 그런데 그 상사는 다음 날 새벽에 일찍 출근해 일곱 시에서 여덟 시 사이에 출근하는 부하직원을 못 기다리고 전화를 하는 때도 있다. 심지어 일요일에도 출근하라고 한다. 한 동료직원은 들볶이다가 다른 부서로 발령을 내달라고 배짱부려서 떠났다. 그래서 그 일을 그 권사님의 아들이 혼자 맡아 하게 되었는데 그야말로 죽을 맛이 따로 없다는 것이 아닌가! 스트레스도 많이 받고 직장생활을 계속해야 하나 고민한다고 했다.

하지만 직장생활을 하면서 이와 비슷한 일을 겪는 사람은 많다. 이런 때 어떻게 하면 좋은가? 어려운 시절에는 더욱 직장인들이 힘들게 일한다. 힘든 경제 상황이라도 매출을 올려야 하고, 실적을 유지하지 못하면 직장생활을 제대로 하지 못하겠으니 팀을 맡은 책임자들도 더욱 안달난다. 너무나 당연한 일이다. 그러나 그분의 아들이 겪는 문제가 일반적으로 직장인들이 겪는 일이니 별것 아니라고 이야기할 수는 없었다. 누구나 겪지만 당사자는 무척 고생스러운 일이 아닐 수 없다. 그러면 이런 상황에서 어떻게 하면 좋은가?

먼저 해야 할 일이 바로 중보기도이다. 목사가 내놓는 문제 해결책이 뭐 별것 있겠는가마는 기도를 시작하는 출발이 매우 중요하다. 그 상사를 위해서 권사님도 기도하시라고 권해드렸다. 아들에게도 그 상사를 위해 중보기도하라는 권면을 하라고 꼭 부탁했다. 화나고 미워 죽겠기에 그 사람을 위한 기도가 잘 나오지 않을 것이다. 그런데 그런 때일수록 기도해야 한다.

그럼 어떻게 기도하면 되는가? 이 기도는 일터개발원의 이사장인 방선기 목사님에게 배운 것인데, 두 가지 제목으로 기도하는 방법이다. 하나님이 그 사람을 감동시켜주시도록(move) 기도할 수 있다. 아랫사람을 생각할 줄도 알게 해주시고, 만약 신경정신과 계통의 질환이 있으면 깨달아서 치료받을 수 있게 해달라고 기도할 수 있다. 이야기를 들어보니 그 상사의 증상이 조울증 증세와 비슷한데 본인은 잘 모르는 듯했다. 그런 여러 가지 제목을 가지고 그 상사를 위해서 기도하다 보면 그 사람도 참 불쌍한 사람이라는 사실이 깨달아진다. 그를 향한 내 마음속의 미움이 사라질 수도 있다. 주님이 그렇게 인도해주실 것이다.

두 번째 기도는 옮겨주시도록(remove) 기도할 수 있다. 감동받지 못한다면 차선책으로 서로 얼굴을 보지 않으면 문제가 해결되지 않는가? 하나님은 그 상사나 혹은 아랫사람을 다른 부서로 옮겨주시거나 그만두게 해주실 수 있다. 최선책은 아니지만 이런 차선책도 있다.

괴롭히는 상사를 위한 기도가 중요한 이유가 또 하나 있다. 힘들지만 그 상사를 위해서 기도하다 보면 나 자신이 먼저 변할 수 있다. 하나님이 그 상사의 마음에 감동을 주시기보다 먼저 나 자신에게 감동을 주셔서 깨달음을 주신다. 그래서 상사에 대한 미움과 원망만이 아니라 그를 긍휼히 여기고 도와주고 싶은 마음이 생긴다. 그렇게 내가 변화될 수 있다. 그렇게 내가 변하는 모습을 본 상사도 뭔가 마음에 감동이 일어날 수 있다. 그래서 인간관계의 어려움을 겪을 때 하는 중보기도가 중요하다. 직장뿐만 아니라 어떤 관계에서나 중보기도는 가장 확실한 문제

해결의 답이 될 수 있다.

어떤 응답을 하시든 이런 인간관계의 심각한 문제를 하나님의 손에 올려드리는 일이 중요하다. 이런 중요한 문제를 기도하지 않고 속으로만 끙끙 앓거나 화를 참기만 하면 병이 된다. 또한 그런 불만이 자기도 모르게 표현되어서 그 상사와의 관계는 점점 나빠지게 된다. 그러니 기도해야 한다. 하나님께 다 털어놓으며 하나님께 공을 넘겨보라.

모든 인간관계에 해당되어 예외가 별로 없긴 하지만 특히 윗사람과의 관계에서는 태도가 중요하다. 건방진 모습을 보이면 아무리 좋은 이야기를 해도 소용없다. 어떤 상황에서라도 건방진 태도는 금물이다. 어려움이 있어서 윗사람에게 찾아가 이야기할 수도 있는데, 절대로 화가 난 상태로 윗사람을 찾아가지 말아야 한다. 열이면 열 모두 '태도 문제'에 걸려 목적을 달성하지 못한다. 자신이 화가 나 있거나 상사가 화가 났을 때 찾아가면 안 된다. 찾아가더라도 시간을 두고 그 문제를 위해 기도하고 생각한 후에 가야 한다. 많은 사람은 직언을 자신의 충성심에서 나온 대단한 것으로 생각하는데 위에서 말한 중보기도가 더 효과가 좋은 경우도 많다. 만약 직언을 하려면 이 정도 각오는 하고 해야 한다.

전에 섬기던 교회 청년부의 부장 장로님이 자신이 겪은 이야기를 우리 청년 모임에서 간증했다. 가구회사에서 출발한 작은 그룹의 한 회사 사장을 맡고 있던 분인데, 회사의 발전 방향에 대한 자신의 생각을 적어서 회장님을 찾아갔다. 글로벌 비즈니스를 하기 위해 회사 이름도 바꾸고, 당시 IMF 구제금융 이후의 상황을 극복하기 위한 회사의 위기대처에 대한 제안을 했다. 그런데 회장님은 거절했다. 자신이 회장으로 있는 상황에서는 변화를 수용할 수 없다고 했다. 그러자 그분은 종일 회장님을 따라다녔다고 한다. 화장실까지 따라다니며 회장님을 설득하려고 했다. 저녁에 회의시간에 화가 난 회장님이 앞에 있는 재떨이를 들어 젊은 사장에게 던졌다.

그러자 장로님이 우리 청년들에게 이렇게 말했다. 몸을 흔들어가면서 "연세 드신 회장님이 화가 나서 재떨이를 던지시면 젊은 제가 피하면 되지요!" 젊은 사장이 날아오는 재떨이를 피해가면서도 포기하지 않는 제안서를 회장님이 그제야 받아들였다. 그래서 회사의 CI 작업과 발전 방향을 모색하며 회사가 어려움을 헤쳐 나갈 수 있는 계기를 마련했다고 한다. 재떨이를 던지는 일은 요즘 기준으로 보면 대표적인 '갑질'이라고 비난받을 일이지만 이런 정도로 각오한다면 윗사람에게 직언을 해도 좋다. 그렇지 못하다면 중보기도가 더욱 효과적이다.

윗사람을 향한 자세, 특히 화가 난 윗사람을 대하는 멋진 에피

소드가 구약성경에도 나온다. 엘리사 선지자가 활동하던 시대에 이웃 나라였던 아람의 군대장관 나아만이 한센병을 고침받았다. 그 놀라운 이적은 사실 아랫사람들의 제안 덕이기도 했다. 나아만 장군 집의 여종이었던 이스라엘 소녀가 엘리사 선지자의 능력을 이야기하면서 그곳에 가 보기를 제안했다(왕하 5:1-4). 소녀는 자신의 부모를 죽이고 자기를 포로로 잡아 와서 몸종으로 부리는 나아만 장군을 사랑하는 마음이 있었기에 이런 제안을 할 수 있었다.

그런데 문제는 나아만이 군대를 이끌고 이스라엘로 가서 왕에게 들렀다가 엘리사 선지자에게 갔을 때 발생했다. 선지자는 나아만 장군이 요단강에 가서 일곱 번 목욕하면 한센병을 고칠 수 있다고 전했다. 선지자의 무성의해 보이는 처방을 듣고 화가 나서 돌아가려던 나아만 장군에게 부하들이 제안을 했다. "목욕하지 못할 이유가 뭡니까? 그것보다 하기 힘든 일을 시켜도 다 하겠다 결심하고 위험한 적국으로 왔는데 이런 쉬운 일을 왜 못합니까? 한번 해보시지요."

윗사람을 향한 사랑과 존경이 없었다면 이런 제안은 불가능했다. 윗사람이 화가 나서 제대로 판단하지 못할 때 아랫사람들이 해야 할 일이 있다. 생각해야 한다. 상황 파악을 잘해서 어떻게 그 문제를 해결할 수 있을지 윗사람에게 제안해야 한다. 그런데 나아만 장군에게 제안하는 아랫사람이 당시에 나아만 장군을 어떻게 불렀는지 아는가? "내 아버지여!"라고 불렀다. 평소에도 그 종이나 부하 장수가 나아만 장군을 그렇게 불렀겠는가? 이 호칭은 존경과 사랑을 담고 있다. 몸 아픈 윗사람이 화가 나서 제대로 판단하지 못할 때 그 윗사람의 아픈 마음과 몸을 감싸 안으면서 "내 아버지여!"라고 불렀다. 윗사람을 향한 이런 사랑과 존경이 결국 아름다운 결과를 낳았다. 나는 성경의 인물 중에서 가장 행복한 윗사람이 바로 나아만 장군이라고 생각한다. 아랫사람들이 사랑과 존경을 담아 윗사람에게 멋진 제안을 해주었기 때문이다.

••• 스토리 메시지

　윗사람에 대한 사랑과 존경은 일터에서 예수님의 제자로 살아가는 크리스천 직업인들의 중요한 미덕이 될 수 있다. 사도 베드로가 종들에게 까다로운 주인도 잘 섬기라고 교훈한 내용을 보면 베드로는 예수님이 애매하고 죄 없이 고통받으신 바로 그 십자가의 고통을 윗사람에게 이유도 없이 애매하게 고난당하는 아랫사람들의 고통과 비교하고 있다. 예수님이 본을 보이신 것처럼 까다로운 윗사람에게도 순종하며 섬길 때 그 사실이 귀한 훈련의 기회가 되고 제자의 이미지가 된다는 점을 강조한다.

이익은 눈을 어둡게 한다.
차라리 손해를 보라

전에 한 가정의학과 원장님에게서 메일이 왔다. 어느 어머니가
와서 아이의 입시를 위해 진단서를 발급해달라고 요청했다고
한다. 예능 실기시험을 준비해야 하는데 학교 수업을 다 참석하
면 불리해서 홍역 진단서를 발급해달라고 했다는 것이다. 그러
면 학교에 가지 않고 시험 준비를 하는 데 도움이 되겠다면서
진단서를 요청했다. 그러면 날마다 내원해서 약을 받아가겠다
며 사정했다고 한다. 언젠가 자신을 수술해준 정형외과 의사에
게 장애등급을 받도록 진단서를 발급해달라며 칼을 들고 위협
했다는 뉴스를 본 적이 있는데, 그 정도는 아니라도 여간 난감

한 문제가 아니라는 생각이 들었다. 그 어머니의 아이 셋과 남편까지 다섯 가족이 병원을 이용했는데, 만약 거절하면 그들은 더 이상 그 병원에 오지 않을 상황이었다.

이런 경우 어떻게 대응해야 하는가? 경제와 떠날 살 수 없는 사람들, 특히 직업인들은 '이익' 앞에서 약해지고 위축된다. 실패하고 혹은 망할까 두려워한다. 과연 이 이익 앞에서 우리는 어떤 자세를 가져야 하는가?

일본의 유명한 크리스천 작가였던 미우라 아야꼬가 세상 속 크리스천 직업인의 남다른 모습을 보여주는 자신의 이야기를 들려준다. 미우라 아야꼬는 초등학교 교사로 재직하다가 퇴직하고 결핵에 걸려 요양원에 들어가게 되었다. 거기서 어린 시절의 소꿉친구를 만났고, 연인이 된 그에게 복음을 전해들은 아야꼬도 회심하여 예수님을 믿었다. 안타깝게도 연인은 세상을 떠났고 아야꼬만 살아남았다. 요양원을 나온 후 함께 문학활동을 하던 미우라 미쓰요 씨와 결혼한 아야꼬는 남편과 함께 작가의 길을 가려고 했으나 생계를 유지하기 힘들었다. 미우라 씨 부부는 동네에 조그만 잡화점을 열어 일을 시작했다. 그런데 장사가 너무나 잘되었다. 당시에 트럭으로 물건을 받아 장사를 할 정도였고, 새벽부터 밤늦은 시간까지 앉아 있을 틈이 없었다. 부부가 장사 외에 다른 일은 아무것도 할 수 없을 정도였다.

그런데 몇 개월 지나지 않아서 길 건너편에 미우라 씨 부부와 같은 잡화점을 연 동네 사람이 있었다. 히트상품 뒤에 아류 상품들이 나오고, 어떤 업종이 잘된다 싶으면 사람들이 몰리는 현상은 어디나 마찬가지인 모양이다. 하지만 미우라 씨네 잡화점만 장사가 잘되고 건너편의 잡화점은 손님이 적었다.

어느 날, 남편 미우라 씨가 아내에게 말했다.

"길 건너편의 저 집은 학교에 다니는 아이들도 있어서 돈도 많이 들어갈 텐데 우리가 좀 도와줍시다."

무슨 이야기인가 아야꼬가 묻자, 남편이 대답했다.

"우리 가게에 물건을 좀 덜 갖다 놓으면 손님들이 그 물건을 찾을 때 저 집에 가서 사라고 추천을 해줄 수 있지 않겠소?"

남편의 엉뚱한 말을 들은 아야꼬는 말도 안 된다며 펄쩍 뛰었다. 하지만 가만히 생각해보니 남편의 말이 옳았다. 자신은 평생 잡화점을 할 것도 아니고 작가가 되고 싶은 사람인데 장사에 너무 빠져 있었다. 결국 아야꼬는 남편의 말을 따랐다. 그러자 남편의 말대로 상대편 가게도 장사가 되기 시작하면서 미우라 씨 가게는 여유가 생겼다. 마침 〈아사히신문〉에서 장편소설 공모가 있었는데 준비한 글 소재를 가지고 소설을 써서 응모할 수 있었다. 기성작가들을 포함하여 700여 명이 응모했는데 미우라 아야꼬가 당선되었다. 그 소설이 바로 유명한 「빙점」이다.

결국 손해 본 것이 아니었다. 나 혼자만이 아니라 함께 살 방법을 찾은 미우라 씨 부부는 결국 크리스천의 남다른 끼를 보여주었다. 물론 미우라 씨 부부가 한 일은 비즈니스 전략의 관점으로 보면 문제가 있었다. 자본주의 경제체제는 건전하고 공정하게 경쟁해야 하는데, 미우라 씨 부부의 행동은 일종의 '담합'이라고 볼 수 있다. 그러나 함께 살아간다는 크리스천다운 사고방식을 가지고 대응한 점은 칭찬받아 마땅하다. 나만 많이 갖는 것보다 다른 사람들을 배려하고 함께 살아가는 방법을 모색하는 일이야말로 크리스천다운 남다른 생각이 아니겠는가? 자본주의의 가치를 훌쩍 뛰어넘는 고상한 생각이 아닐 수 없다. 미우라 아야꼬는 바로 그 경험을 통해 전업작가의 길로 들어설 수 있었다.

그녀는 나중에 이런 말을 했다. 명언집에도 실릴 정도로 널리 알려진 말이다. "어떻게 해야 좋을지 모를 때는 자신에게 손해가 되는 쪽을 선택하는 게 낫다. 자신에게 득이 되는 일과 마주치면 인간은 시험받게 된다. 득봤다고 기뻐하다 보면 잘못된 생각을 하게 된다. 인간은 이익 앞에서 눈이 어두워지는 법이다."

아마도 미우라 아야꼬의 이 말은 과거 작가가 되기 전에 잡화점을 열어서 경험했던 바로 그 일을 계기로 얻은 교훈일 듯하다. 치열한 비즈니스 현장에서 일하는 사람들에게 어울리지 않는 이야기라고 치부할 수도 있다. 하지만 우리가 세상에서 이런 남다름을 보여주면 사람들을 감동시킬 수 있다. 이런 사례들이 쌓이면 결국 세상이 조금씩 달라질 수 있다.

잠언 기자가 하나님을 기쁘시게 하는 인생 경영에 대해서 중요한 교훈을 준다. "사람의 행위가 여호와를 기쁘시게 하면 그 사람의 원수라도 그와 더불어 화목하게 하시느니라"(잠 16:7). 하나님께 받은 사랑의 가치가 너무 크기에 원수와의 갈등을 덮고도 남음이 있다. 치열한 비즈니스 현장에서 이렇게 하나님을 기쁘시게 하는 사람이 과연 있을까?

네덜란드에서 태어나 제2차 세계대전 시대를 거치며 고생을 많이 했던 코리 텐 붐이 「주는 나의 피난처」라는 책으로 귀한 간증을 남겼다. 코리 텐 붐 여사는 아버지뿐 아니라 할아버지의 가업을 이어 당시 100년도 더 된 텐 붐 시계방에서 시계 수리 기술을 익혔다. 그래서 네덜란드에서 여성 최초로 시계수리공 자격증을 땄다. 코리 텐 붐은 제2차 세계대전 때 유대인을 도운 죄목으로 체포되어 가족들이 나치의 수용소에서 고생을 많이 했다. 아버지도 돌아가셨고, 그 수용소에서 언니도 세상을 떠났는데, 코리 텐 붐은 그 수용소의 간수를 결국 용서했다. 유럽과 미국 등 전 세계를 다니며 간증해서 감동을 주었던 믿음의 거인이다. 그런데 그런 코리 텐 붐 여사의 용서하고 사랑하는 믿음은 아버지의 영향이었다고 고백했다.

코리 텐 붐의 아버지 캐스퍼 텐 붐은 아침과 저녁으로 가족과 함께 성경을 읽었고, 시계방에서는 친절하게 최선을 다해 손님들을 섬겼다. 자신이 하는 시계 수리작업을 위해서 기도하기도 했다. 60년 동안 시계 수리를 한 정말 능력 있는 장인이었는데, 그런 캐스퍼 텐 붐도 당황하게 만드는 어려운 일이 생기면 이렇게 기도했다. "주님, 주님은 은하계의 바퀴를 운행하시는 분입니다. 무엇이 행성들을 회전시키는지, 또한 무엇이 이 시계를 돌아가게 하는지도 주님은 아십니다." 그렇게 기도하면서 일을 하니 전날 밤에 잘 안 풀리던 시계 수리가 다음 날 아침에는 잘되었다고 한다(코리 텐 붐 지음, 「주는 나의 피난처」, 좋은씨앗 펴냄, 105-106쪽).

그 시절은 경제적으로 매우 어려웠다. 하루는 시계방에 한 부자 손님이 와서 비싼 시계를 현금으로 사겠다고 했다. 그 시계만 팔면 온 가족이 얼마 동안 고생하지 않고 살 수 있을 만한 거래였다. 그런데 거래가 끝나고 시계를 받아들면서 손님이 말하기를 사실은 자기가 아끼는 시계가 고장 나서 가까운 다른 시계방으로 가지고 갔는데 그 시계를 고칠 수 없었다고 했다. 그래서 이곳에 와서 새 시계를 산다고 말했다.

그때 코리의 아버지는 그 손님에게 시계를 볼 수 있느냐고 물었다. 시계를 받아 몇 곳을 수리하더니 이제 이 시계는 큰 문제가 없다면서 돌려주었다. 그리고 그 손님이 다녀온 시계방의 수리공도 아직 조금 더 경험이 필요할 뿐이라고, 조금만 더 기다려주면 그 시계공도 훌륭한 시계공이 될 것이라고 말했다.

거기서 끝나지 않고 코리의 아버지는 빙그레 웃으며 그 손님에게 받았던 현금을 다시 건네주었다. 그리고 이렇게 말했다.

"오늘 사신 시계를 다시 저에게 주시지요."

코리는 이런 부친에게 은근히 화가 났다고 한다. 손님이 가고 나서 그 돈이 얼마인데 그 거래를 포기하느냐고 반문했다. 그러자 코리의 아버지는 딸에게 이렇게 말했다.

"코리야, 돈은 필요하면 하나님이 언제나 우리에게 주실 수 있지 않겠니? 그러나 우리가 최선을 다해서 정직하게 손님을 섬기지 않는다면 하나님이 기뻐하실까? 코리야, 우리 그리스도 인들은 돈을 많이 벌기 위해 사는 사람들이 아니라 하나님을 기쁘시게 하기 위해 사는 사람들이란다"(이동원 지음, 「너희는 풍성하고 충만하라」, 압바암마 펴냄, 171-172쪽).

앞에서 말한 가정의학과 원장님은 병원에 손해가 올 수 있지만 그 어머니에게 허위진단서를 발급해줄 수 없다고 거절을 했다. 그 어머니는 많은 입시생이 그렇게 한다면서 눈물을 흘리며 부탁했지만 원장님은 자신은 크리스천으로서 그렇게 할 수는 없었노라고 이메일에 적었다. 나는 참 잘하셨다고, 쉽지 않은 결정일 텐데, 사람들은 보통 이익 앞에서 흔들리기 쉬운데 용기 있게 잘 결정했고 하나님이 기뻐하실 것이라고 칭찬해드렸다.

우리 그리스도인들은 잘못된 이익 앞에서 단호하게 거절할 수 있어야 한다. 이런 용기 있는 크리스천을 하나님이 대견스러워 하신다.

••• 스토리 메시지

비즈니스 현장에서 하나님을 기쁘시게 하는 경영 방법을 잠언 16장 8절이 알려준다. "적은 소득이 공의를 겸하면 많은 소득이 불의를 겸한 것보다 나으니라." 이 말씀은 물질적 부에 대해 하나님의 뜻을 알려준다. 정의와 공의의 가치를 잊지 말라고 한다. 물론 미우라 씨의 잡화점이나 코리 텐 붐 여사의 시계방에서 사업하던 방법만이 정의로운 비즈니스는 아니다. 하지만 많은 소득에만 목표를 두면 탐욕에 빠질 수 있음을 우리는 잘 알고 있다. "이익을 탐하는 모든 자의 길은 다 이러하여 자기의 생명을 잃게 하느니라" (잠 1:19). 직업인으로 살아가면서 진정 하나님이 기뻐하시는 이익을 추구하고 있는지 돌아보자.

일하는 당신, 개인기가 있는가?
취미는 무엇인가?

'T형 인재'라는 표현이 있다. 산업현장에서 사용할 때는 자기 분야의 깊은 지식과 주변 분야의 넓은 지식을 의미했지만 보다 확대해서 적용해볼 수 있다. T자의 아래로 내려 그은 획은 직업 적인 전문성을 뜻한다. 전문적인 능력이 있어야 직업인의 영향 력을 발휘할 수 있다. 그러나 참다운 인재는 직업적인 능력만으 로는 부족하다. T자의 옆으로 그어진 획은 또 다른 능력을 의미 한다. 인간관계나 팀워크 능력, 리더십, 취미생활, 개인기 등 업 무 외적인 능력이다. 성경 속의 다윗에게는 이런 두 가지 능력 이 있었다.

우선 다윗은 목동으로서 전문성을 가지고 있었다. 물맷돌을 던져 곰이나 사자를 죽인 적도 있고, 더 나아가 골리앗과 맞서 싸울 때 바로 그 전문성을 잘 활용했다. 달려가면서도 정확히 조준하여 골리앗의 이마에 물맷돌을 명중시켰고, 돌이 머리뼈를 뚫고 들어가 박힐 정도로 강력하게 던지는 능력이 있었다.

또한 다윗에게는 수금 연주를 잘하는 일종의 '개인기'가 있었다. 나중에 악령이 사울 왕을 사로잡을 때 그 치료를 위해 고용될 정도로 다윗의 수금 연주는 탁월했다. 다윗이 수금 연주를 잘했던 일을 계기로 사울 왕의 악사 겸 비서가 된 것은 사울 왕의 측근에서 궁궐의 문화를 접할 좋은 기회가 되었다. 날마다 왕의 곁에서 비서로 일했으니 사울 왕의 신하들이 어떤 일로 왕에게 보고하고 왕이 결재하는 내용이 어떤 것인지 낱낱이 보고 배울 수 있었다. 그런 의미에서 다윗의 수금 연주는 다윗의 인생에서 비전을 성취하는 데 중요한 역할을 했다.

다윗 왕의 아들 솔로몬도 이런 부분에서 아버지의 감수성과 예술성을 물려받았다. 솔로몬이라고 하면 지혜의 대명사인데 그의 지혜가 어떤 분야인지 성경이 말해준다. 솔로몬은 3천 개나 되는 잠언을 지었고, 그 외에도 1,005곡의 노래를 지었다. 또한 레바논의 백향목으로 시작하여 돌담을 타고 자라는 우슬초까지 초목에 대해서 논했다고 한다. 짐승과 새와 기어 다니는 것과 물고기도 논했다고 하니 이쯤 되면 동물학, 식물학, 조류학, 어류학 등에 박식한 만물박사가 바로 솔로몬이었다(왕상 4:32-33).

오늘날에도 직장인들의 취미는 여전히 중요하다. 취미활동을 잘하면 휴식과 재충전을 할 수 있을 뿐만 아니라 전업의 계기를 마련할 수도 있다. 사실 오늘 내가 만족하는 직업이라도 사회의 격변으로 인해 10년 뒤에는 사양업종이 될 수도 있다. 4차 산업 혁명의 시대이고 인공지능의 기존 직업 대체를 예상하는 시대에 우리는 현재 내가 가진 직업의 유효기한을 걱정하게 된다. 상황에 따라 나의 직업을 통해 내가 필요로 하는 것들을 공급받지 못할 때 뭔가 다른 직업을 통해 새로운 돌파구를 열어야 하지 않겠는가? 즐기면서 잘하는 취미가 직업을 전환하는 계기가 될 수도 있다.

취미생활로 새로운 직업을 연 사람들도 있다. 〈검은 눈동자〉 〈바이칼 호〉 〈길을 따라서〉 등 러시아 민요 연주는 돈 코사크 합창단의 연주가 그야말로 제격이다. 돈 코사크 합창단을 창단하고 초대 지휘자를 지냈던 세르게이 쟈로프는 노래를 좋아하고 목소리가 아름다워 장사를 가르치려고 했던 아버지의 뜻과 달리 합창 교육과 지휘자 훈련을 받았다. 그가 제정 러시아 군대에 입대했을 때는 러시아에 사회주의 혁명이 일어나 소비에트 정권이 수립되는 때였다. 전쟁이 벌어지고 제정 러시아군이

밀리기 시작했다. 희망을 잃어가는 병사들에게 기쁨을 주는 것은 밤중에 모닥불 둘레에서 동료들이 불러주는 합창이었다. 그 합창단의 지휘자로 쟈로프 중위가 선출되었고, 단원들은 토속적이고 향수를 자극하는 러시아 민요로 동료들을 위로했다.

제정 러시아 군대의 패전 후 40여 명의 합창단은 다른 망명 군인들과 함께 유럽으로 갔고, 1921년에 파리에서 24명의 대원들이 돈 코사크 합창단을 조직했다. 그들의 입장에서는 생존의 몸부림이었다. 그들은 1922년 불가리아의 수도 소피아에서 제1회 연주회를 열어 큰 성공을 거두면서 돈 코사크 합창단의 역사가 본격적으로 시작되었다. 그들의 목소리에는 나라를 잃고 고향과 가족을 잃은 사람들의 끈끈한 정서가 담길 수밖에 없었다. 그 후 합창단은 미국 공연을 하여 대성공을 거두면서 전 단원이 미국 시민권을 얻어 영주하며 이후 전 세계로 쉴 새 없이 순회공연을 다니는 새로운 삶을 살게 되었다. 돈 코사크 합창단원들은 패잔병에서 세계적인 합창단 단원으로 직업을 탈바꿈했다.

나의 학창 시절, 대한민국 학생들의 거의 공통적인 취미는 '독서' 아니면 '음악 감상'이었다. 별다른 취미가 없는 사람들도 많았다. 그런데 목회자 중에 독특한 취미를 가진 사람들이 있다. 20세기의 걸출한 신학자이자 목회자였던 존 스토트 박사는 새에 대한 관심이 많았다. 새에 대해 얼마나 애정이 많은지는 그가 지은 「새, 우리들의 선생님」(IVP 펴냄, 2001)이라는 책에 보면 잘 나타나 있다. 거의 '새 박사'로 불릴 만한 수준이다. 하나님의 창조 세계의 한 부분을 그렇게도 세밀하고 아름답게 표현할 수 있는지 감탄이 절로 나온다.

한국교회를 대표하던 목회자 중 한 분인 옥한흠 목사는 바쁜 목회 와중에도 사진 찍기를 전문가 수준으로 하여 「아름다움과 쉼이 있는 곳」(두란노 펴냄, 1997)이라는 사진 수상집을 내기도 했다. 나는 요즘 미술에 관심이 있는데, 특히 빈센트 반 고흐에 대한 최종수 목사의 책을 통해 도전받았다. 「고흐의 영성과 예술」(한국기독교연구소 펴냄, 2000)이라는 책은 고흐의 미술 작품에 대한 목회적 식견과 크리스천다운 안목을 잘 보여준다. 그분은 미국 펜실베니아에서 목회했는데 미술뿐만 아니라 아내와 함께 등산하면서 야생버섯을 연구하는 취미도 가지고 있다고 저자 소개에서 밝히고 있다.

직장인들이 이런 취미를 가지고 있으면 여러 가지 유익이 있다. 우선 일로 인한 스트레스를 해소할 수 있다. 그리고 취미를 마니아 수준으로 하다 보면 자기 직업분야의 돌파구를 열거나 아이디어를 발견할 수도 있다. 한국 사회에 인문학 열풍이 거세게 불었다. 지금도 과거와 비교하면 접하기 쉽지 않은 인문학에 대한 관심이 여전히 높다. 바람직한 현상인데 이런 일이 어떻게 가능하고, 또한 그 이유가 무엇인지 생각해보았다. 높은 경지에 이르면 서로 길이 통한다고 하지 않는가! 문학, 역사, 철학, 예술 등의 인문학에서 얻은 지식과 지혜가 사회의 실용적인 분야에 아이디어를 주고, 서로 자극하여 유익을 준다. 결국 이종교배가 시너지를 창출한다. 취미생활을 통해서도 이런 실제적인 도움을 얻을 수 있다.

아울러 공통의 취미를 통해 친해지고 공감대를 형성할 수 있는 장점도 취미생활의 유익이다. 미국의 아이젠하워 대통령은 우표수집에 취미를 가지고 있었다. 어느 날, 한 법안을 처리하는데 정적인 야당 의원이 고집을 부리면서 반대했다. 그 의원이 우표수집 취미를 가지고 있는 것을 알고 아이젠하워 대통령은 전화를 해서 우표에 대한 질문을 했다. 사실 아이젠하워 대통령은 우표수집에 대해 전문가적인 식견을 가지고 있었다. 하지만 그 의원의 우표수집에 관한 이야기를 한 수 배운다는 자세로 다 들어주면서 우표수집 분야에서 그 의원의 전문성을 인정해주었다. 법안에 대한 이야기는 한마디도 하지 않았는데 다음번 법안 의결 때 그 의원은 반대를 하지 않았다고 한다.

이렇게 취미를 잘 살린 전문인들은 T형 리더십을 갖춘 전문 만능인의 멋진 모습을 보여준다. 그런데 이런 자기 계발의 방식에 대한 흥미로운 제안이 있어서 소개한다. 하나는 '르네상스 제너럴리스트'로 동시에 여러 분야에 도전하는 방법이다. 자기의 재능과 특성을 다 계발해야만 완전한 인간이 된다는 르네상스 시대의 이상을 반영하는 자기 계발이다. 레오나르도 다빈치를 생각하면 이해가 쉽다. 다빈치는 화가, 엔지니어, 발명가, 과학자, 철학자, 음악가 등 다양한 영역에서 온갖 호기심을 가졌고, 실제로 많은 업적을 남겨 놓았다. 영국 경영사상가 찰스 핸디가 말하는 '포트폴리오 노동자'가 오늘날의 르네상스 제너럴리스트라고 할 수 있다. 점점 정규직 노동자로 풀타임으로 일하기 힘든 시대가 되고 있는데 두 가지 혹은 여러 가지 일을 각각 파트타임으로 하면서 자신의 삶에 대해 포트폴리오를 잘 구성하여 살아가는 방식이다.

그런데 이 방법은 경제적인 측면에서 안정을 얻지 못하는 단점이 있는데 그에 대한 대안으로 '연속 스페셜리스트'가 두 번째 방법이다. 이것은 하나씩 차례로 시도하는 자기 계발의 방법이다. 이 방법은 다양한 재능과 열정에 흠뻑 취할 수 있고, 요즘 은퇴 시기가 계속 당겨지고 수명은 길어지는 상황에서 여러 가지 다양한 직업에 종사할 기회도 만들 수 있다(로먼 크르즈나릭 지음, 「인생학교 : 일」, 쌤앤파커스 펴냄, 113-116쪽).

'경영학의 아버지'로 불리는 피터 드러커는 30여 권의 책을 썼는데 자신을 가리켜 '생태사회학자'로 이름 붙였다. 그는 경영학만이 아니라 법학, 정치학, 경제학, 사회학 같은 사회과학 전반의 책을 썼다. 드러커는 자신의 그런 집필에 대해 과거 자신이 신문기자로 일하면서 여러 주제의 글을 써야 했기 때문이라고 말한다. 3~4년마다 다른 주제를 택해서 공부하는 것을 70

년 가까이 했다. 그 과목들로는 통계학, 중세 역사, 일본 미술, 경제학 등 다양했다. 이런 방법으로 연속적으로 자신의 분야에서 전문성을 갖기 위해 독서하고 공부하여 자기 계발을 하는 방법이 있다.

••• 스토리 메시지

취미생활은 우리가 쉬고 즐기며 인생의 기쁨을 얻는 유익을 가져다준다. 아울러 직업과는 다른 특별한 취미를 통해 미래를 설계하는 데 도움을 얻을 수도 있다. 직장생활을 하면서 미술 작품 평론을 꾸준히 배우다가 결국 미술 평론가가 된 사람도 있다. 유학가서 공부를 하면서도 평소에 좋아하던 축구를 잊지 못하고 결국 축구 해설가가 된 사람도 있다. 우리도 다윗처럼 '양들'을 돌보면서 '수금'을 들고 인생과 직업과 하나님의 나라에 대해 연주해보자.

C·H·A·P·T·E·R·05

버틸까? 버릴까?
고민될 때

직장생활을 하다 보면 자신에게만 일이 몰리고 그 상황을 타개하기 힘든 경우가 있다. 이때 상사에게 업무에 대한 면담을 해서 조정할 수도 있다. 물론 시도해봐도 조정이 안 되는 경우도 있다. 이를 악물고 효율적인 일 처리와 능력을 발휘하는 기회로 삼을 수도 있지만 버티기가 너무 힘들어 고민하기도 한다. '버텨볼까? 아니면 포기해버릴까?' 이런 고민의 상황을 경험해보았는가? 이런 때 어떻게 하면 좋은가?

우선 버틴다면 다윗처럼 해볼 수 있다. 다윗은 이미 두 사람 몫의 일을 하고 있는데 한 가지 일을 더 해야 했다. 이런 상황이라면 당신은 어떻게 하겠는가? 다윗은 성경 최초의 '투잡러'였다. 골리앗과 맞설 때 다윗은 사울 왕의 악사 겸 비서로 일하고 있었다. 그때도 자기 집안의 양들을 돌보는 일도 여전히 책임지며 궁궐에 출근해서 일하고 있었다. 새벽에 출근할 때는 집안의 종들이나 고용한 목자들에게 양을 돌보게 했고, 퇴근 후에는 양들을 인계받아 돌보면서 밤에 직접 양들을 지켰다. 이렇게 바쁘고 힘들게 베들레헴과 예루살렘 사이를 오가고 있었다.

베들레헴에서 예루살렘까지는 4~5킬로미터 정도 되기에 그리 부담스러운 거리는 아니었다. 그런데 당시 블레셋 군대가 침입해왔고 다윗은 사울 왕이 나가 있는 전쟁터인 엘라 골짜기까지 긴 출퇴근을 해야 했다. 다윗의 집이 있던 베들레헴과 엘라 골짜기의 중심까지는 지도상의 거리로 25킬로미터였기에 두 가지 일을 다 감당하기는 쉽지 않았을 듯하다. 그래도 다윗은 그 일을 오래 감당하고 있었다(삼상 17:1-16).

이런 상황이 여러 날 계속되던 어느 날, 아버지가 다윗에게 한 가지 심부름을 더 시켰다. 참전한 세 명의 형에게 음식을 가져다주고 지휘관에게도 음식을 전해주라는 심부름이었다. 이미 두 가지 일을 정신없이 하고 있는데 새로운 일이 주어질 때 어떻게 하면 좋은가? 불평할 만하지 않은가? 이미 두 가지 일을 다 감당하며 평소보다 더 긴 출퇴근 시간을 견뎌내고 있다고 아버지에게 하소연할 만도 했다.

그런데 다윗은 이때 특유의 성실함으로 쉽지 않은 난제들을 돌파했다. 아버지의 심부름까지 해야 하는 날에는 평소보다 일찍 일어나 엘라 골짜기를 향해 출발했다. "다윗이 아침에 일찍이 일어나서 양을 양 지키는 자에게 맡기고 이새가 명령한 대로 가지고 가서 진영에 이른즉 마침 군대가 전장에 나와서 싸우려고 고함치며"(삼상 17:20). 심부름을 하느라 짐도 많았으니 뛰어가기도 힘들고 불편했다. 그러니 평소에는 다섯 시에 출발해야 출근 시간에 맞출 수 있었다면 그날은 새벽 세 시에는 출발하지 않았겠는가?

다윗이 한 일들을 살펴보라. "양을 양 지키는 자에게 맡기고"(집안일), "이새가 명령한 대로 가지고 가서"(아버지의 심부름), "진영에 이른즉 마침 군대가 전장에 나와서 싸우려고 고함치며"(직장일, 더구나 지각도 하지 않고 시간 맞추어 출근했다!).

바로 그날, 하나님의 군대를 모욕하는 골리앗의 욕설이 유난히 다윗의 귀에 거슬렸다. 40일이나 계속된 일이었으나 그날 다윗은 분기탱천해서 일어났고, 결국 골리앗과 맞짱 떴다! 우리가 잘 아는 다윗과 골리앗의 대결에는 이런 비사가 담겨 있다. 다윗은 골리앗을 죽이고 풍전등화와 같던 이스라엘을 구해냈다. 이렇게 다윗은 출퇴근하는 길에서 열심히 자기계발을 했다. 20킬로미터가 넘는 길을 날마다 오가려면 뛰어다녔을 것이다.

그렇게 다윗은 고대 사회 리더십 덕목의 필수요소인 강인한 체력을 키울 수 있었다.

답답한 상황에서도 우리는 조금 더 견뎌야 한다. 버티기로 했다면 다윗처럼 성실하게 자신의 일을 감당하면서 오히려 힘든 상황을 전화위복의 기회로 삼을 수 있다. 도저히 '버티기' 힘들어서 '버리기'로 결정할 때도 우리는 다윗에게서 교훈을 얻을 수 있다. 다윗이 사울 왕의 미움을 받는 상황을 견디지 못해 궁궐을 떠나게 된 상황을 통해 배워보자.

다윗은 상사인 사울 왕이 납득할 만한 이유도 없이 자신을 미워했는데도 도망갈 궁리만 하지는 않았다. 우선 다윗은 상사의 의중이 무엇인지 알기 위해 노력했다. 다윗은 심지어 자기를 죽이려고 하는 사울 왕의 적극적인 박해를 피해 도망 다니면서도 사울 왕의 곁을 쉽게 떠나지 않았다. 사울 왕이 때때로 악령에 붙들리기에 자신이 왕의 곁에 있다는 사실을 잘 알았다. 그래서 다윗은 비록 자기를 몇 번이나 죽이려고 했지만 사울 왕의 본심을 알고 싶어 했다(삼상 20:7). '정말 왕은 나를 미워하는 것인가?' 알고 싶었다.

결국 절친이자 사울 왕의 아들인 요나단 왕자의 도움을 통해 다윗은 자신이 떠나야 할 상황임을 알았다. 다윗은 최대한 노력해본 후 관계 회복이 불가능함을 최종적으로 확인하자 사울 왕을 떠나기로 결심했다. 우리도 떠나야 할 상황이라고 판단될 때 업무 구조의 변화나 시스템의 변경을 상사를 통해서나 또는 다른 여러 방법으로 확인해볼 수 있다. 할 수 있는 노력을 다해도 버티기가 힘들다고 판단되면 떠나는 일이 그리 흠이 되거나 무리수가 되지 않는다.

··· 스토리 메시지

"왜 넷째 형부터 아래로 세 명의 형들은 놀고 있는데 그 형들을 보내지 않고 바쁜 제게 힘든 심부름을 시키십니까?" 다윗은 두 가지 일을 힘들게 할 때 또 한 가지 일을 더 시키는 아버지에게 이렇게 불평하지 않았다. 평소보다 일찍 일어나서 짐을 잔뜩 짊어지고 열심히 걷고 뛰며 엘라 골짜기로 갔다. 이런 자세로 살다 보니 다윗은 포기하고 떠나야 할 때도 신중했다. 다윗처럼 일터에서 생기는 문제로 인해 너무 쉽게 포기하고 이직을 결정하는 것은 바람직하지 않다는 점은 분명히 기억해야 한다.

C·H·A·P·T·E·R·06

목표가 중요한가?
사람이 중요한가?

비즈니스 현장뿐만 아니라 사람들이 모여서 목표를 추구하는 조직에서는 수시로 불거지는 갈등이 있다. '목표와 사람' 중 무엇에 우선순위를 두느냐 하는 문제이다. 일을 할 때 성과 달성을 위해서만 애쓰다 보면 목표를 달성하더라도 사람이 다쳐서 문제가 되기 쉽다. 또는 사람이 중요하기에 사람 중심으로 일하다 보면 초라한 실적으로 어려움을 겪을 수 있다. 목표와 사람 사이의 고민은 어쩌면 필연적이고 풀기 힘든 숙제라는 생각이 든다.

성경 속에도 종종 이 문제가 제기되곤 했다. 바울과 바나바가 제1차 선교여행을 마치고 제2차 선교여행을 떠나려 할 때 한 가지 문제로 갈등했다. 마가라는 사람을 데리고 가느냐 마느냐 하는 문제였다. 제1차 선교여행 때 함께 출발했던 마가가 선교여행 중에 혼자 돌아와 버렸기 때문이다. 그래서 이 문제로 바울과 바나바가 다투었다. 목표 달성을 위해서는 마가를 데리고 가면 안 된다는 바울의 입장과 한 번 더 기회를 주자는 바나바의 입장이 대립했다.

바울은 목표를 중요하게 여기는 프로세스형 리더였고, 바나바는 사람 중심의 피플형 리더였다. 이 둘은 결국 더 이상 마찰을 피하고 각자 선교팀을 구성해서 선교하는 방법으로 갈등을 해결하려고 했다(행 15:36-41). 나중에 바울이 마가를 용납하면서 바울과 바나바, 두 사람의 갈등이 해결되었다는 암시를 받을 수 있다. 하지만 성향이 다른 두 지도자가 헤어져서 따로 팀을 꾸려 선교를 진행했던 일은 미봉책이고 차선책이기도 했다. 이렇게 목표와 사람 사이의 대립을 해결하는 일은 쉽지 않다.

목표와 사람 간의 공감을 제대로 실천한 사례를 성경에서 찾기가 쉽지 않아서 안타깝다. 그래서 한 가지 실화를 통해 목표와 사람이라는 조화되기 힘든 두 기준을 동시에 만족시키는 방법을 생각해보자. 우선 목표와 사람은 양자택일의 상황이 아니라는 점을 분명히 기억해야 한다. 둘 중 하나가 아니라 언제나 둘이 함께 가야 한다고 생각하면 된다. 물론 '우선순위로 무엇을 앞세워야 하는 때인가' 라는 생각을 수시로, 사안마다 판단하긴 해야 한다. 그러나 목표와 사람은 둘 중 하나를 고르는 양자택일의 상황은 거의 없다고 봐야 한다. 둘 다 포기하지 않고 상황에 따라서 바람직한 순서를 정하려는 노력이 중요하다.

청소년들을 대상으로 사역하던 마이클 야코넬리라는 사역자가 있었다. 신학공부를 한 사람도 아닌데 평신도 사역자로 훌륭하게 일했다. 그러던 그가 어느 날 불의의 교통사고로 세상을 떠났다. 다음은 그가 쓴 책에서 소개하는 이야기다.

제2차 세계대전 때 프랑스의 어느 시골 마을에서 전투가 벌어졌다. 그 와중에 미군 병사 한 사람이 전사했다. 동료들은 전쟁터에 전우의 시신을 방치하고 싶지 않아서 장례식을 열어주기로 했다. 전투가 벌어지는 전선에서 몇 마일 떨어진 곳에 흰 울타리를 친 작은 공동묘지가 있었다. 바로 옆에 있는 교회가 묘지를 관리하는 것 같아 보였다. 그걸 기억해낸 병사들은 동료의 시신을 공동묘지로 옮겨갔다. 해가 지기 전 겨우 그곳에 도착했다. 허리가 굽고 야윈 노 신부가 그들을 맞아주었다. 얼굴에 깊게 주름이 패고 햇볕에 그을린 신부였다. 한 병사가 정중하게 말을 건넸다.

"우리 친구가 전쟁터에서 숨졌습니다. 우리는 그를 교회 묘지에 묻어주고 싶습니다."

신부는 병사들이 원하는 것이 무엇인지 알았다. 그런데 아주 서툰 영어로 이렇게 대답했다.

"미안합니다. 같은 신앙을 가진 사람이 아니면 이곳에 묻어줄 수가 없습니다."

노 신부는 가톨릭교회의 묘지에 개신교 신앙을 가진 미군인의 시신을 묻어줄 수 없다는 점을 이야기하며 거부했다. 수개월 동안 전쟁을 치르는 병사들은 서운한 기색조차 보이지 못하고 그 자리를 떠나야 했다. 그러자 노 신부가 그들을 불러 세웠다.

"그렇지만 교회 울타리 밖에 묻는 것은 괜찮습니다."

병사들은 그 말에 화가 나긴 했지만 울타리 밖에 땅을 파고 전우를 묻어주었다. 일을 다 마쳤을 때는 해가 떨어지고 어둑어둑해졌다.

다음 날 아침, 미군 병사들은 전선을 옮기라는 명령을 받았다. 병사들은 작전지역을 떠나면서 마지막으로 동료를 묻었던 교회의 묘지를 다시 찾아갔다. 그런데 어젯밤에 전우의 시신을 묻은 자리를 찾을 수가 없었다. 어리둥절해진 병사들이 교회 문을 두드렸다.

"어젯밤 우리가 지치기도 했고 어두워서 그랬는지 동료 병사를 묻은 자리가 제대로 기억나질 않습니다."

그 말에 노 신부의 얼굴에 미소가 번졌다.

"어젯밤 당신들이 떠난 후 잠을 이룰 수가 없었습니다. 그래서 오늘 아침 일찍 일어나서 내가 묘지의 울타리를 옮겨 놓았습니다"(마이클 야코넬리 지음, 「마이클 야코넬리의 영성」, 아바서원 펴냄, 218-220쪽).

같은 연합군이지만 개신교인을 가톨릭교회의 묘지에 묻을 수 없다고 했던 노 신부는 결국 자신의 잘못을 돌이키고 울타리를 옮겨 놓았다. 원칙을 지키려는 '목표'를 위해 희생했던 '사람'을 살리는 방법을 그렇게 찾았다. 사실 울타리를 옮기는 일은 보통 일이 아니다. 그런데 이 노 신부의 뒤늦은 결정에는 어떤 의미가 있는가? 목표를 추구하다 보니 사람을 제대로 세울 수 없었는데, 그게 너무 마음 아파서 결국 목표도, 사람도 함께 세울 방법을 찾아냈다는 점이다. 밤새 잠 못 들었던 노 신부는 그 방법을 찾고야 말았다.

목표를 이루고 성과를 달성하기 위해 울타리를 쳐 놓아서 용납하지 못한 사람이 있는가? 그러면 울타리를 옮겨주면 문제를 해결할 수 있다. 그러면 사람도 얻으면서 목표를 이룰 수 있다. 나의 탐욕이나 쓸데없는 고집, 타성의 울타리는 변치 않는 하나님의 진리가 결코 아니다. 그런 울타리는 뽑아서 옮겨도 된다. 그래서 목표와 사람을 동시에 얻을 수 있다. 이런 노력을 우리 하나님이 기뻐하신다. 일터에서 일할 때도 수시로 부딪히는 일과 사람 사이의 갈등, 가정에서 부부생활과 부모-자녀의 관계에서도, 교회에서 하나님의 사역을 감당할 때도 이 목표와 사람, 사람과 목표라는 중요한 두 가지에 공감하는 방법을 고민하며 찾아봐야 한다.

··· 스토리 메시지

울타리를 만든 사람들은 울타리가 무너져 내리는 것을 좋아하지 않는다. 그래서 우리 사회에는 우뚝 솟아 있는 높은 울타리가 많다. 그런데 우리 예수님은 울타리를 아예 없애 버리셨다. "그는 우리의 화평이신지라. 둘로 하나를 만드사 원수 된 것 곧 중간에 막힌 담을 자기 육체로 허시고 법조문으로 된 계명의 율법을 폐하셨으니 이는 이 둘로 자기 안에서 한 새 사람을 지어 화평하게 하시고 또 십자가로 이 둘을 한 몸으로 하나님과 화목하게 하려 하심이라"(엡 2:14-16). 목표만이 아니라 사람도 세우기 위해 울타리를 옮기는 노력을 우리가 일하는 삶의 현장에서 실천해야 한다.

C·H·A·P·T·E·R·07

일터에서 어떻게 사랑을
실천할 수 있는가?

일터는 일하는 곳이다. 일을 잘해야 하고, 일터에서 요구하는 것은 일이 전부라 해도 그리 틀린 말이 아니다. 그런데 우리 크리스천 직업인들은 일하는 현장에서도 사랑을 실천할 수 있어야 한다. 이것은 우리의 사명이기도 하지만 숙제이기도 하다. 그러나 일터에서 여러 차례 기회를 주어도 실수하는 사람을 사랑하기란 쉽지 않다. 중요한 약속을 어긴 사람을 사랑하는 것도 부담이 된다. 무뚝뚝한 사람을 사랑하는 것도 피곤하다. 입만 열면 불평을 늘어놓는 사람을 사랑하려면 성자가 되어야 할 듯하다. 그러나 진짜 사랑은 아가페적인 사랑인데 이것은 감정적인 사랑과는 다르다. 그것은 하나님의 관점에서 옳은 일을 하겠다는 '의지'가 내포된 실천적인 사랑을 말한다. 사랑이란 필요에 합당하게 반응하는 미덕을 의미한다. 이 사랑이 바로 성경에서 말하는 성령의 열매들(갈 5:22-23) 중 하나이다. 하나님의 영이 충만한 사람에게 나타나는 결과이다.

이런 사랑을 어떻게 실천할 수 있는가? 함께하면서 문제를 겪어나가고 짐을 서로 지는 방법이다. "너희가 짐을 서로 지라. 그리하여 그리스도의 법을 성취하라"(갈 6:2). 치열한 경쟁의 현장인 일터에서 어떻게 서로 짐을 져서 사랑의 법을 성취할 수 있을까?

유한킴벌리사의 이덕진 전 회장이 전무 시절에 했던 강의에서 들은 이야기이다. 법무팀에 경력사원으로 들어온 한 직원이 무척 힘들어했다고 한다. 동료들과의 관계도 좋지 않고 일도 힘들어하는 모습을 자주 보였다. 어느 날 밤, 야근을 하면서도 걱정하고 힘들어하는 표정으로 책상에 앉아 있는 직원을 향해 이덕진 전무가 이렇게 격려했다.

"사랑하는 김 차장, 나는 김 차장이 겪는 어려움을 잘 해결해낼 줄 믿고 있어요."

직장에서는 도무지 어울리지 않는 "사랑하는"이라는 표현을 사용하면서 김 차장을 격려한 이덕진 전무는 어떤 생각으로 그랬을지 곰곰이 생각해보았다. 어려움을 겪는 아랫사람이 나를 필요로 하고 있다고 생각했기 때문은 아니었을까? 이것이 바로 사랑이라는 생각이 들었다. 사랑이라는 미덕은 너무 부드럽고 감상적이어서 일터와 같은 경직된 조직에서는 어울리지 않는 단어처럼 들린다. 그런데 일터공동체에서 한 사람 한 사람의 아픔을 생각해본다면 불가능하지는 않다. 예수님의 사랑을 받은 존재가 나이고, 또한 나는 누군가의 관심과 사랑을 받았음을 기억해보면 나도 베풀어야 할 사랑이 있다. 그러면 나도 동료의 실수를 용서하고 상처받은 고객, 좌절에 빠진 동료들을 보듬어 줄 수 있게 된다. 일터에서도 이런 사랑을 실천할 수 있다.

미국 동부 펜실베이니아 주의 작은 마을에서 몇 개의 슈퍼마켓을 소유하고 있는 경영자가 겪었던 일이다. 계산대의 한 직원이 돈을 훔친다는 사실을 알게 되었다. 우선적인 충동은 많은 경영자의 판단과 마찬가지로 그 직원을 해고하는 것이었다. 하지만 이 경영자는 다른 방법을 택했다.

사장은 정직하지 못한 직원에게 앞으로 돈을 훔치지 말라고 분명히 경고했다. 그 직원의 어려운 재정문제를 돕기 위해 상담도 했고 위험성을 줄이기 위해 감독도 강화했다. 이 모든 것에는 시간과 돈이 투자되었다. 이 이야기가 만약 소설이었다면 그 직원은 개과천선해서 열심히 정직하게 일하여 은혜를 갚는 것으로 끝났을지 모른다. 그러나 현실은 그렇지 않았다. 몇 달 후 그 직원은 다시 돈을 훔쳤고, 몇 개월이 지난 후 또 훔쳤다.

이 사장은 수년 동안 인내했다. 도난당한 돈은 그저 잃었다 생각했고, 감시 기능을 강화하느라 또 돈을 들였다. 사장이 지나치게 관대한 데 대해 다른 직원들의 불만도 점점 커졌다. 하지만 이런 일련의 일들을 통해 사장이 보여준 것은 바로 사랑이었다. 그 경험을 통해 사장은 그 직원에게 최선을 다하려 노력했고, 그런 가운데 용서하시는 하나님의 사랑을 보여주었다. 물론 이런 방법만이 사랑을 보여주는 유일한 방법은 아니다. 때때로 단호한 사랑이 최선일 수도 있다.

교회의 선교비로 해외에 세운 학교의 책임자에게 유사한 문제가 발생했다. 신임을 얻고 있는 직원이 서명을 위조해서 수표 네 장을 현금화하는 방법으로 돈을 훔쳤다. 세 번에 걸쳐 훔친 금액은 그 사람의 1년 치 봉급에 해당했다. 책임자는 이 사실을 경찰에 알릴 것인지 말 것인지 결정해야 했다. 증거가 너무 확실해서 여러 해 감옥생활을 해야 할 것도 알았다.

책임자는 몇몇 사람들과 상담을 한 후에 경찰에 알리기로 결정했다. 동시에 계속 그 직원에게 일을 시킴으로써 훔친 돈을 갚는 조건으로 집행유예를 선고받게 할 계획도 세웠다. 금액이 매우 크기 때문에 상당 부분을 용납하기로 제안했다. 하지만 이 직원은 체포되어 재판을 기다리며 몇 주일을 감옥에서 보냈다. 그 직원을 돕기 위한 방법은 생각처럼 되지 않았다. 판사는 합의를 무시하고 9개월 형을 선고했다.

하지만 책임자는 그 직원이 감옥에 있는 동안 면회도 했고, 석방 후에는 그 대학에 다닐 수 있도록 도와주었다. 나중에 그 직원은 학교가 자기에게 보여준 사랑에 감사했다. 이러한 경험이 자기 인생을 다른 방향으로 바꾸는 계기가 되었다고 여러 차례 말했다(리처드 츄닝·존 에비·셜리 로엘즈 지음, 「신앙의 눈으로 본 경영」, IVP 펴냄, 107-115쪽).

• • • 스토리 메시지

일터에서 사랑을 실천하는 일은 그리 쉽지 않다. 출애굽기에서 애굽 왕 바로는 감독자들에게 이스라엘 백성들이 스스로 짚을 모으고 벽돌 수를 채우게 하라고 강요했다. 재료를 제대로 공급해주지 않아도 할당량은 다 채우라고 했다(출 5:7-18). 그런데 만약 사람을 사랑하는 관리자라면 이때 그저 납기를 맞추는 것에만 관심을 갖지 않는다. 현장의 작업하는 사람들이 어떻게 생각하는지 들어보고 무리가 있다면 해결 방법을 찾아내려고 노력한다. 거래처가 단골고객이라면 주문 기간을 늦출 수 있을지 확인하고 다른 동종업체의 생산 능력도 확인해볼 수 있다. 이렇게 하다 보면 벽돌 만드는 일이 상당히 복잡해진다. 하지만 이런 일을 감당하는 과정이 바로 사랑의 리더십이다. 또한 이것은 성경적 경영을 실천하는 방법이기도 하다. 자본주의 사회에 산다고 해서 우리는 사람을 단지 비용으로 간주하는 못된 사고방식에 빠지면 안 된다.

하나님 사랑과
이웃 사랑의 우선순위

2020년 1월부터 우리나라뿐만 아니라 전 세계는 중국 우한에서 시작된 신종 코로나 바이러스의 습격에 큰 고초를 겪고 있다. 이단 신천지의 집단 확산으로 어려움을 겪었거니와 특히 교회에 성도들이 모여서 예배를 드리지 못하게 되는 상황이 발생하여 논란도 되고, 여러 교회에서도 집단 감염 사례가 생기기도 했다. 바이러스의 창궐로 인해 사회적 거리두기가 필요하니 교회에서 현장예배를 드리지 못하고 온라인 예배나 다른 방법을 모색해야 한다는 예방수칙에 반발하는 크리스천들도 있었다. 하나님을 사랑하여 예배하는데 그것을 막는 행위는 박해이고 종교의 자유를 보장받지 못하니 항거한다는 논지였다.

과연 이런 자세는 옳은 것인가? 예수님은 마음과 뜻과 정성을 다해 하나님을 사랑하고 자기를 사랑하는 것같이 이웃을 사랑하라고 하셨는데 이 말씀은 하나님 사랑을 다한 후에 이웃을 사랑하라는 것인가? 사랑의 우선순위에 대해 한 이야기를 통해 확인해보자.

제2차 세계대전 무렵 중국에 가서 영어를 가르치다가 산둥에 있는 포로수용소에 수감된 랭던 길키(Langdon Gilkey)라는 미국의 젊은이가 있었다. 그가 자신의 수용소 경험을 「산둥수용소」라는 책을 통해 알렸다. 일본은 제2차 세계대전 당시 중국의 여러 분야에서 일하던 다양한 부류의 외국인(민간인)을 수용소에 구속했다. 전쟁 와중에 수용소에 갇힌 사람들에게 자유 다음으로 중요했던 배고픔에 직면했을 때 인간이 얼마나 연약한 존재인지 이 책은 잘 보여주고 있다.

1944년 겨울, 제2차 세계대전이 막바지에 이르고 일본군의 식량 배급이 최악의 상황으로 치달을 무렵이었다. 수용소에 있던 미국인 200명 앞으로 미국 적십자사에서 보낸 20킬로그램짜리 소포가 도착했다. 각종 먹을거리와 외투, 신발, 속옷 등으로 하루아침에 부자가 된 미국인들은 자기가 받은 구호 음식과 필수품을 다른 나라 사람들인 수감자들과 관대하게 나누었다.

그런데 이듬해 1월에 수용소 전체 인원인 1,450명이 한 개씩 받고도 남을 1,550개의 소포가 또다시 수용소에 배달되었을 때 문제가 생겼다. 애초에 수용소장은 모든 수용소 사람에게 한 개의 소포를 주고 미국인들에게는 1개 반의 소포를 나눠주겠다고 공지했다. 그런데 수용소장의 조치가 돌연 취소되었다. 미국 적십자가 보낸 물품은 미국인 수감자 200명에게만 7개 반씩 나눠 줘야 한다는 미국인들의 항의 때문이었다.

랭던 길키는 뭔가 잘못되었다고 생각하며 미국인들의 토론에 참여했는데, 미국인들도 나름대로 논리를 가지고 있었다. 한 사업가는 이렇게 말했다.

"다른 나라 사람들에게 미안하긴 하지만 그건 우리 물건이오. 그들의 정부는 왜 넋 놓고 있는 거요?"

한 변호사는 이렇게 주장했다.

"이건 미국인들의 재산입니다. 법적으로 보면 간단합니다. 우리 평판에 오점을 남긴다고 해도 반드시 이 지옥 같은 곳에서 우리 미국인들의 재산에 대해 권리를 지켜야 합니다."

수용소에 기독교 선교사도 많았었는데, 언제나 모든 일을 도덕적인 측면에서 본다는 한 선교사는 이렇게 주장했다. 일본 당국에 의해서 나누라고 강요받으면 미덕을 잃는 것이니 도덕적으로 옳지 못하고, 일단 미국인들이 다 받아서 사람들과 나누도록 해야 한다고 말했다. 그래서 랭던 길키가 미국인들이 일곱

개 반씩 소포를 받으면 다른 나라 사람들에게 얼마나 나눌 거라 생각하느냐고 물었다. 그랬더니 선교사는 대부분의 미국인은 아마 한두 꾸러미 정도는 나눠줄 거라 생각한다고 대답했다. 너무도 당연하고 관대하다는 듯이 말이다.

만약 이런 '도덕성'의 논리라면 이웃에게 손해와 피해를 입히는 행동을 하더라도 내가 선을 행하려는 목적을 가지고 있기만 하다면 도덕적이라는 의미가 아닌가? 꽤 심한 자기도취에 빠져 있다. 자기와 하나님의 관계만 중요하지, 하나님이 온 세상 사람들을 창조하고 돌보시는 분이라는 사실을 중요하게 여기지 않는 태도이다. 하나님은 적군인 일본인들을 통해서도 수용소 사람들의 고른 복지 혜택을 원하시는 분임을 간과하기도 했다. 세상 사람들에게 햇빛과 비를 고르게 내려주시는 하나님의 일반은총을 왜 무시하는가?(마 5:45).

이 책을 읽으면서 사업가와 변호사, 그리고 선교사, 이 세 사람의 주장 중에서 나는 선교사의 주장에 정말 화가 많이 났다. 사업가와 변호사는 그야말로 자기 직업에 걸맞은 말을 했다. 그런데 선교사의 주장은 도대체 무엇이란 말인가? 그런 태도로 중국에서 하나님의 복음을 전하며 선교했단 말인가? 책을 읽으며 나 자신이 목사라는 사실이 말할 수 없을 만큼 부끄러웠다.

결국 며칠 후 도쿄에서 결정 사항이 내려왔는데 모든 수감자에게 소포 한 꾸러미씩을 배급하라는 명령이었다. 그리고 그 공문에는 이런 구절이 추가되어 있었다.

"이전에 미국인들에게 반 개씩 더 주기로 했던 나머지 백 개의 꾸러미는 다른 수용소로 보낸다."

산둥수용소 안에서 벌어진 그 부끄럽고 왜곡된 도덕주의의 폐해, 이기적인 자기 사랑의 과정을 다 지켜본 저자 랭던 길키는 이렇게 총평한다. "하나님이 적의 권세를 사용해서라도 인간사에 하나님의 정의를 이루신다"(랭던 길키 지음, 「산둥수용소」, 새물결플러스 펴냄, 193-223쪽).

이 우울한 이야기는 80여 년 전 전쟁터의 수용소에서 벌어진 남의 이야기만은 아니다. 미국인들만의 탐욕도 아니다. 하나님을 사랑하고, 하나님의 기쁨을 추구하며, 하나님과 동행하는 삶을 산다는 신앙인들이 이런 오류에 빠질 수 있다. 하나님을 사랑하는 만큼 사람을 생각하지 않는 태도이다. 하나님이 나를 구원하셨지만 '세상'을 사랑하신 그 중요한 사실을(요 3:16) 잊어버리고, 또한 하나님이 강조하시는 형제 사랑을 포기하는 잘못이다. "그가 우리를 위하여 목숨을 버리셨으니 우리가 이로써 사랑을 알고 우리도 형제들을 위하여 목숨을 버리는 것이 마땅하니라"(요일 3:16).

예수님이 율법교사와 대화하시며 영생을 얻기 위해 해야 할 일에 대한 구약성경의 가르침은 하나님을 사랑하고 이웃을 자신과 같이 사랑하는 것으로 요약할 수 있다(눅 10:25-27). 성전에서 섬기는 의무를 다하는 하나님 사랑을 명분으로 죽어가는 사람을 돌보지 않은 제사장과 레위인의 모습을 보는 듯하다. 하나님 사랑을 다한 후에야 이웃 사랑을 할 수 있다고 생각하면 오해이다. "하나님 사랑과 이웃 사랑은 똑같은 일입니다"라고 미국의 소설가이자 목사인 프레드릭 비크너가 말한다(『주목할 만한 일상』, 비아토르 펴냄, 43쪽).

"형제를 사랑하지 아니하는 자는 하나님께 속하지 아니하니라"(요일 3:10). "누구든지 하나님을 사랑하노라 하고 그 형제를 미워하면 이는 거짓말하는 자니 보는 바 그 형제를 사랑하지 아니하는 자는 보지 못하는 바 하나님을 사랑할 수 없느니라"(요일 4:20).

••• 스토리 메시지

온갖 합리화로 사람 사랑을 포기하고 이기적인 주장을 펼치면서도 하나님을 섬긴다고 착각하는 일은 산둥수용소만이 아니라 오늘 우리에게도 벌어질 수 있다. 아무리 성자 같은 사람도 식사다운 식사를 제대로 못하면 죄인처럼 행동할 것이라고 했던 브레히트가 「서푼짜리 오페라」에서 한 말을 기억해야 한다. "무엇이 사람을 살아 있게 만드는가? 사람은 다른 사람들에게 의지해서 살아간다. 그러고는 그들이 자신의 형제였다는 사실을 잊어버린다"(랭던 길키 지음, 「산둥수용소」, 219쪽).

세상에서 나는 누구인지 밝히는
정체성 이야기

'그리스도인'이라고
자신 있게 말할 수 있는가?

앞에서도 살펴본 대로 주일 오후에 폐문 의식을 하면서 세상 속 흩어진 교회의 정체를 강조한 종교개혁자 마틴 루터의 제자들이 있었다. "아버지께서 나를 보내신 것같이 나도 너희를 보내노라"(요 20:21). 예수님의 말씀대로 우리는 세상 속으로 파송받은 제자들이다. 물론 우리는 하나님 나라 백성의 정체도 가지고 있다. 사도 바울이 우리의 정체를 명쾌하게 표현해주고 있다. "우리의 시민권은 하늘에 있는지라"(빌 3:20). 당시 로마제국의 유력한 도시에서 살며 로마시민권에 자부심을 느끼던 빌립보교회 성도들에게 바울은 로마시민권과 비교하여 하나님 나라의 시민권을 언급했다. 물론 바울은 더욱 귀한 가치가 하나님 나라의 시민권에 있음을 암시하고 있다.

우리는 이렇게 두 나라에 속한 사람들이다. 오늘 세상에서 직업을 가지고 살아가는 일터 크리스천의 정체도 바로 이런 두 나라의 정체성이다. 사도 베드로의 말로 표현하면 "세상 속에 흩어진 나그네"(벧전 1:1 참조)이다. 우리는 깊은 산 속에 들어가서 수도하며 사는 사람들이 아니다. 세상 속에서 살아간다. 우리의 정체성을 한마디로 말한다면 '세상 속의 그리스도인'이다. 우리는 세상 속에서 그리스도인의 정체를 드러내야 한다. 우리는 교회 밖 세상에서 살아가며 정체성을 수시로 확인받는다. "당신은 누구인가?"라는 질문에 "나는 그리스도인입니다"라고 대답하면서 우리의 정체를 밝힐 수 있어야 한다.

중국 티베트 지방에서 한센병 환자들을 돌보는 사역을 하던 김요석 목사가 집회 중에 들려준 이야기에서 크리스천다움을 드러낸 한 그리스도인의 모습을 볼 수 있다. 김요석 목사가 예전에 한국에 있을 때 남도의 한센병 환자들이 거주하던 영오마을의 교회를 섬겼다. 이웃 마을에서 양 씨와 그 집 사람들이 교회에 나오게 되었다. 그는 초신자이기도 했고, 불교가 지배적인 동네에서 홀로 교회에 나오며 동네 사람들의 따가운 시선을 받았다.

어느 날 저녁, 양 씨가 김요석 목사를 찾아왔다. 화가 나 씩씩거리는 그의 말을 들어보니 그날 오후 양 씨 집의 어미 돼지 다섯 마리가 우리를 뛰쳐나가 소를 키우는 옆집 김 씨의 채소밭을 망쳐놨다고 했다. 손해배상을 해주겠다고 했는데 김 씨는 곧 새끼를 낳을 어미 돼지 다섯 마리를 자기에게 달라고 강짜를 부렸다는 것이다. 사태를 파악한 김요석 목사는 양 씨에게 말했다.

"그 옆집 사람은 형제님을 시험해보려고 그러는 것 같아요. 그 사람은 형제님이 마구 흥분하고 화내기를 바랄 겁니다. 그렇게 되면 예수님을 믿는 사람이 얼마나 형편없는지 온 동네 사람들에게 보여줄 수 있으니까요. 그러니까 그렇게 하지 못하게 하려면 그가 원하는 것을 주셔야 합니다. 큰 손해를 입게 되더라도 걱정하지 마십시오. 하나님이 더 좋은 것으로 갚아주실 겁니다."

사실 목사들이 이렇게 대책 없는(?) 이야기를 종종 하긴 한다. 곧 새끼를 낳을 돼지 다섯 마리가 돈이 얼만데 이런 말을 하는가? 여하튼 양 씨는 시무룩한 표정으로 고개를 푹 숙이고 돌아갔다. 나중에 소문을 들으니 양 씨가 돼지 다섯 마리를 전부 이웃의 김 씨에게 줬다고 했다. 동네 사람들은 이웃 간에 모질게 구는 김 씨를 비난했고, 양 씨가 혹시 미친 것 아니냐고 비웃기도 했다.

그 후 어느 가을 밤, 양 씨가 또 김 목사를 찾아와서 말했다.

"목사님, 전에 제가 목사님의 말씀을 따르기는 했지만 사실

속으로는 굉장히 분했습니다. 그런데 오늘 엄청난 일이 벌어졌지 뭡니까? 옆집에서 키우는 소 일곱 마리가 우리 집 밭에서 채소를 뜯어먹고 있는 겁니다. 제 눈을 믿을 수가 없었어요. 옆집 김 씨가 난처한 얼굴로 이러는 겁니다. '양 씨, 어떻게 배상해야 할까?' 처음 생각 같아서는 그 소 일곱 마리를 냅다 끌어오고 싶었지요. 하지만 목사님께 먼저 여쭈어봐야 할 것 같아서 이렇게 달려왔습니다. 목사님, 이제 제가 이겼지요? 돼지 다섯 마리에 소 일곱 마리라니요? 목사님 말씀대로 하나님은 정말 제가 잃은 것보다도 더 많이 갚아주신 것 아닙니까?"

양 씨의 얼굴에는 큰 이익을 얻으리라는 기대가 넘치고 있었다. 하지만 목사는 이런 때 대응을 잘해야 한다. 목사들은 대개 세상 물정을 잘 모르기 때문에(?) 이런 때도 용감하다. 김요석 목사는 이렇게 말했다.

"사랑하는 형제님, 형제님은 예수님을 믿는 사람입니다. 악을 악으로 갚지 마십시오. 앙갚음하려는 마음을 버리시고 그분에게 용서하는 마음을 보여주세요. 형제님이 하나님의 뜻에 순종할 때 하나님은 더 많은 것으로 갚아주시는 분임을 깨달을 겁니다."

아니 소 일곱 마리로 갚아주신 것이 아니고 앞으로 더 크게 갚아주실 것이란 말인가? 양 씨의 얼굴은 침울해졌고 맥 빠진 모습으로 돌아갔다. 그런데 다음 날, 양 씨는 신이 난 표정으로 다시 김 목사를 찾아왔다.

"목사님 말씀이 또 맞았어요! 하나님이 정말 더 풍성하게 좋은 것으로 주셨어요. 어제 목사님이 말씀하신 대로 옆집 김 씨에게 아무런 배상도 받지 않겠다고 했거든요. 그러자 김 씨가 돼지 수십 마리를 몰고 왔지 뭡니까? 그러면서 이렇게 말했어요. '이 돼지 전부 자네 걸세. 내가 자네 때문에 지난밤에 한숨도 못 잤어. 지난 일로 틀림없이 화가 잔뜩 났을 텐데, 왜 우리 소들을 달라지 않느냐 말이야? 내가 그걸 생각하느라 머리가 다 빠개지는 것 같았어. 자, 자네 돼지 다섯 마리가 낳은 새끼들까지 다 가져가게. 그리고 이제부터는 이웃끼리 잘 지내보세.'"

상상하기 힘든 일을 겪어 기쁨에 겨운 양 씨가 김요석 목사에게 계속해서 말했다.

"목사님, 생각해보세요. 별안간에 이렇게 많은 돼지를 되돌려 받은 것도 굉장하지만 지금까지 옆집에서 그놈들을 먹인 사룟값을 생각하면 정말 하나님이 제가 손해본 것보다 훨씬 더 많이 주셨지 뭡니까? 이제 저는 확실히 하나님을 믿어요! 그런데 목사님, 이것보다 더 좋은 일이 뭔지 아십니까?"

기분이 좋아 싱글벙글하던 양 씨의 표정이 진지해졌다.

"마을 사람들이 우리 가족을 예수님을 믿는 사람들로 인정해주는 겁니다. 이거야말로 하나님께 받은 최고의 선물이 아니겠어요?"

예수님을 믿지 않던 이웃의 김 씨뿐만 아니라 그 동네 사람들은 크리스천이 과연 어떤 정체를 가지고 살아가는지 확실하게 보았다. 양 씨는 행동으로 크리스천다움을 보여주었다. 예수님이 산상수훈에서 강조하신 말씀을 제대로 이루었다. "이같이 너희 빛이 사람 앞에 비치게 하여 그들로 너희 착한 행실을 보고 하늘에 계신 너희 아버지께 영광을 돌리게 하라"(마 5:16).

미국의 컨설팅 회사 경영자인 마크 드모스(Mark DeMoss)가 한 정직한 직업인을 소개한다. 그의 행동과 고백이 크리스천의 정체를 분명하게 보여주고 있다. 캐나다의 〈토론토 스타〉 신문사의 기자가 미스터리 쇼퍼 방식으로 점화선이 좀 느슨한 것 외에 이상 없는 자동차로 열세 곳의 정비공장들을 찾아다녔다. 그런데 정비사들은 하나같이 멀쩡한 차에 여러 문제가 있다며 수리해야 한다고 말했다. 그러나 60대 후반의 세실 브렌튼이라는 정비사 한 사람만 느슨한 점화선을 조여주고는 수리비도 요구하지 않았다. 그러고는 차에 아무런 문제가 없으니 가보라고 했다. 기자가 신분을 밝히며 다른 정비소의 정비사들과 달리 왜 그렇게 했는지 이유를 묻자 세실 브렌튼이 대답했다. "나는 그리스도인입니다."

그 이야기가 신문에 실리자 운전자들이 브렌튼의 공장으로 몰려들었고, 그는 그곳에서 12년을 더 일하다가 은퇴했다. 그 기사가 나온 지 21년 후에 세실 브렌튼이 세상을 떠나자 〈토론토 스타〉는 그의 사망 소식을 일반 부고란에 싣지 않았다. 이런 제목으로 특별 기사를 게재했다. "세실 브렌튼, 향년 89세. 정직하기로 유명한 '크리스천 정비사'"(마크 드모스 지음, 「CEO, 솔로몬을 만나다」, 비전과 리더십 펴냄, 169-171쪽).

··· 스토리 메시지

세상과 일터에서 만나는 우리의 이웃과 동료들은 우리 그리스도인들이 양 씨 성도처럼 희생하며 자기에게 실제적인 도움이 되기 전에는 감동하지 않는다. 크리스천 정비사 세실 브렌튼처럼 정직하게 행동하는 것은 당연하다고 생각한다. 참 야속하긴 한데 하나님은 우리가 그런 고귀한 삶을 살아가기를 원하신다. 그래서 크리스천답게 사는 삶이 쉽지 않다. 그러나 결코 불가능하지는 않다. 당장 눈앞의 상황에만 집착하지 말고 손해 보고 양보하며 기다리면 우리도 크리스천의 정체를 드러내며 하나님이 기뻐하시는 삶을 살 수 있다. 당신은 세상에서 '그리스도인'이라고 자신 있게 말할 수 있는가?

골리앗 앞에서
크리스천 깡으로 맞서는가?

일터사역을 하다 보니 나는 교회와 같이 신앙인들이 모인 곳보다 신앙 없는 사람이 더 많은 일터의 예배에서 더 자주 설교한다. 그래서 믿지 않는 사람들이 목사의 설교를 어떻게 이해할까 고민하며 설교를 준비하곤 한다. 신앙 없는 청중들도 아는 내용을 가지고 설교하면 공감을 얻기가 더 수월하다. 그런 면에서 다윗과 골리앗의 이야기는 교회에 나오지 않는 사람들도 예외 없이 다 알고 있는 대표적인 설교 소재이다. 그래서 사무엘상 17장을 본문으로 해서 자주 설교하곤 했다.

그런데 다윗에게 배울 수 있는 크리스천 깡을 설교하면서 나 자신을 설득시키기가 힘들었다. 다윗이 가진 용기는 하나님이 주셨고, 하나님을 믿는 믿음 때문에 가능하다는 사실은 알고 있는데, 다윗의 용기가 구체적으로 어떤 것인지 나 자신이 먼저 설득되어야 하는데 그것이 쉽지 않았다. 사실 다윗이 가진 용기는 대단했다. 다윗이 골리앗과 맞서면서 준비한 물맷돌이 다섯 개라는 사실이 다윗의 대단한 용기를 설명해준다.

다윗이 준비한 물맷돌은 왜 하필 다섯 개였을까? 빗나갔을 때 다시 던질 여분의 돌을 준비했다고 해도 뭔가 부족하다. 또한 무엇이 중요하기에 성경에 다윗이 들고 나간 물맷돌의 수를 정확하게 다섯 개라고 기록했을까? 물맷돌 다섯 개에 다윗의 용기가 고스란히 반영되어 있다. 다윗 시대에 블레셋에서 활동하던 거인 장수들을 묘사한 목록(삼하 21:15-22)에 물맷돌 다섯 개의 해답이 있다. 골리앗을 위시하여 이스비브놉, 삽, 라흐미, 다지증 장애인 거인 등 다섯 명의 거인 장수의 이름이 나온다. 그들을 다윗과 부하들이 다 죽여서 드디어 이스라엘에 평화를 가져올 수 있었다고 기록한다.

사무엘상 17장이 기록하는 전쟁은 전면전이었다. 국지전이 아니라 양쪽 나라의 정규군대가 출동해서 싸운 전쟁이었다. 다윗은 블레셋 군대와 맞서면서 골리앗의 뒤쪽에 자신의 부대를 이끌고 서 있던 거인 장수 네 명도 이미 다 보았다. 그 거인들을 다 상대하겠다는 각오로 다윗이 물맷돌을 다섯 개 준비했다. 그렇다면 도대체 다윗에게는 목숨이 몇 개나 되었단 말인가? 혼자서 블레셋의 다섯 거인 장수들을 다 맞서 싸울 수 있으리라고 생각한 다윗의 깡은 그야말로 배짱 믿음이었다. 오늘날 정글 혹은 지옥이라고 묘사하는 일터현장에서 이런 크리스천 깡이 꼭 필요하다. 이 정도로 대단한 다윗의 용기가 도대체 어떻게 가능했을까? 나는 설교를 하면서도 다윗의 대단한 용기를 제대로 설명하기 힘들었다.

그러던 어느 날 치유사역을 하는 정태기 박사의 강의 테이프를 정리하다가 우연히 들은 강의에서 다윗의 용기에 대한 단서를 발견했다. 정태기 박사가 미국에 가서 안식년을 보낼 때 재미교포 실업인 강 집사의 식사 초대를 받았다. 그 집에 종종 가서 사슴 고기나 곰 고기를 먹었는데 그날은 전에 먹어본 적이 없는 호랑이 고기를 맛보았다. 식사를 마친 후 거실에서 호랑이 잡은 이야기를 비디오를 보면서 듣게 되었다.

강 집사의 형제가 사냥개들과 함께 눈이 많이 오던 날 사냥을 나갔는데 호랑이의 포효하는 소리가 들렸다. 개들이 놀랄 줄 알았으나 소리 나는 골짜기 쪽으로 달려갔고, 강 집사의 형제 두 사람은 총을 고쳐 잡고 호랑이 발자국을 따라서 서서히 가고 있었다. 그런데 개들이 미리 약속된 신호로 주인들을 불렀다고 한다. 사냥개들이 짖고 있는 쪽으로 달려가 보니 나무 위에 호랑이가 올라가 웅크리고 있고, 사냥개들은 나무 밑을 오가고 짖으며 호랑이를 압도하고 있었다. 그래서 호랑이를 총으로 쏘아서 떨어뜨렸는데 그야말로 황소만한 호랑이였다고 한다. 지역 신문에 나온 사진도 보여주었다.

정태기 박사는 심리학을 전공한 상담학자로서 가만히 심리적 분석을 해보았다. 먼저 호랑이의 심리상태 분석이다. 지금껏 호랑이가 큰소리로 포효하거나 저주파로 으르렁거리면 꼬리를 감추고 달아나지 않은 짐승이나 사람은 없었다. 그런데 그 사냥개들은 겁 없이 덤벼들었다. 그러니 호랑이가 순간적으로 당황했고, 기선을 제압당해 나무 위로 몰리는 수모를 겪었다고 진단했다.

다음으로 사냥개들의 심리상태도 분석했다. 강 집사의 사냥개들은 지난 5년 동안 주인과 함께 사냥을 나가서 언제나 사냥감을 제압했다. 이번에도 자기들이 호랑이를 꼼짝 못하게 몰아놓기만 하면 주인이 와서 제압할 줄 알고 있었다. 그러니 덩치가 크고 전에 만나본 적이 없어서 낯설지만 커다란 호랑이 앞에서도 기죽지 않고 용감하게 덤볐고, 결국 호랑이를 나무 위로 몰 수 있었다. 그런데 그날 호랑이 사냥을 한 강 집사의 사냥개들은 몸에 상처가 하나도 없었다고 한다. 호랑이가 사냥개들을 전혀 건드리지도 못했다는 뜻이다.

이 사냥개들의 심리상태에 대한 정태기 박사의 이야기를 듣는 순간 전광석화처럼 나의 머리를 치는 것이 있었다. 다윗의 깡은 바로 사냥개들의 용기였다. 다윗은 자기 힘으로 골리앗을 상대할 수 있는 것이 아님을 알고 있었다. 전에 다윗은 하나님이 함께하셔서 맹수를 물리쳐 이긴 경험을 가지고 있었다. 그때 함께하신 하나님이 이스라엘을 모독하는 짐승 같은 골리앗과 맞서 싸울 때도 자신과 함께하심을 확신했다. 다윗이 사울 왕 앞에서도 담대하게 말할 수 있었던 근거도 바로 양을 칠 때 맹수들과 맞서 이겨본 경험이 있었기 때문이다.

우리 크리스천들이 악한 세상의 일터문화 가운데 분투하면서 가져야 할 깡은 바로 이런 다윗의 용기이다. 크리스천 깡은 자기의 힘에서 나오지 않는다. 하나님이 함께하시니 가능하다고 확신하는 믿음에서 나온다. 나 하나의 힘으로 도저히 헤쳐 나갈 수 없는 일터의 여러 장애물 앞에서 어떻게 할 것인가?

"악으로! 깡으로!"

군대에서 훈련하면서 악을 쓰던 구호만 외친다고 이루어지지 않는다. 취업과 창업이라는 쉽게 넘어설 수 없는 현실적인 장애물 앞에서 우리는 크리스천 깡으로 무장해야 한다. 일하다 보면 자주 접하는 정체성의 위기나 윤리적으로 단호하게 결단을 해야 할 때 우리에게는 다윗의 용기가 필요하다. "여호와께서 나를 사자의 발톱과 곰의 발톱에서도 건져내셨은즉 나를 이 블레셋 사람의 손에서도 건져내시리이다"(삼상 17:37).

다윗이 가졌던 깡을 우리가 배워야 한다. 하나님의 나라를 건설하는 '꿈'을 가진 다윗이 물매 던지기의 달인이 된 '꾼'으로 무장했고, 또한 하나님만 의지하는 용기인 '깡'을 가질 때 충분히 골리앗과 맞설 수 있었다. 숱한 사자와 곰을 만났을 때 물맷돌을 던져 위기를 극복한 내공이 있었기에 다윗의 깡은 허풍이 아니었다. 하나님이 맹수들과 맞설 때 함께하신 것처럼 골리앗과 맞설 때도 지켜 보호하시고 능히 이겨내게 하실 것을 전적으로 믿는 믿음이 다윗의 깡이었다. 오늘 세상에서 허세 부리는 사람들이 얼마나 많은가? 오늘 우리가 골리앗을 쓰러뜨리기 위해서는 하나님만 전적으로 의지하는 다윗의 용기가 필요하다.

크리스천 트라이앵글
: 균형의 미학

현재 육군사관학교 야구부 총감독이자 현역 시절 프로야구에서 홈런왕을 여러 차례 했고, 신앙 좋은 선수로도 칭찬받던 이만수 선수가 있었다. 1980년대 중반 프로야구가 출범한 지 몇 년 되지 않았던 때 당시 신학대학생이던 나는 저녁에 야구 중계를 보고 있었다. 이만수 선수가 타석에 들어서자 해설위원이 이렇게 말했다.

"이만수 선수는요, 야구장, 집, 교회, 세 곳만 왔다 갔다 할 뿐 다른 건 아무것도 모르는 선수예요."

그 이야기를 들으며 '크리스천 트라이앵글'이라는 이미지가 떠올랐다. 야구선수의 직장은 야구장이고, 가정과 교회라는 기본적인 삶의 영역에서 균형을 유지하는 일이 중요하다는 깨달음을 얻었다. 야구 중계를 보면서 은혜받은 셈이었다. 물론 한 사람이 정상적인 사회생활을 하면서 관심을 가져야 할 생활영역은 다양하다. 직장과 가정, 교회 외에도 동창회, 향우회, 취미 모임, 요즘엔 온라인 커뮤니티 등 다양한 삶의 영역들이 있고, 우리는 국가의 구성원이자 세계 시민이기도 하다. 그러나 직장과 가정과 교회는 가장 기본적인 삶의 영역이다.

이후 군 복무를 마친 후 신학대학원을 다니던 1990년 어느날, 사무엘상 22장을 보다가 또 한번 무릎을 쳤다. 전에 생각했던 '직장, 가정, 교회'라는 크리스천의 삶의 구조인 '트라이앵글'을 다시 한번 발견하는 기쁨을 누렸다. 사무엘상 22장에는 다윗이 망명 시절에 겪었던 사건이 기록되어 있다. 다윗은 아둘람 굴에 머물던 망명 시절에 자신을 찾아온 수백 명의 소외된 사람에게 리더십을 발휘했다. 이것은 다윗의 직장생활이다. 모압으로 피했을 때 부모님이 모압 왕의 궁궐에 머물 수 있도록 부탁하는 다윗의 모습은 효의 실천이자 멋진 가정생활의 미덕을 보여준다. 선지자 갓이 찾아와 유다 땅으로 가라는 하나님의 뜻을 전했을 때 기꺼이 순종하는 다윗의 모습은 그의 신앙생활을 보여준다. 그야말로 '다윗의 트라이앵글'이다. 다윗은 일터의 삶과 가정생활, 신앙생활의 적절한 균형을 잘 보여주었다.

영화 〈글래디에이터〉(Gladiator, 리들리 스코트 감독, 2000)에 나오는 막시무스도 다윗과 같은 멋진 리더십을 가진 군인이었다. 아우렐리우스 황제는 차기 황제로 신임하지 못하던 아들 콤모두스 대신에 막시무스 장군에게 정권을 넘겨주고 로마제국을 공화정체제로 바꾸려고 했다. 그러나 황제는 아들에게 암살당하고 새 황제 콤모두스는 막시무스의 가족들을 죽였다. 겨우 목숨을 건진 막시무스는 검투사(글래디에이터)로 전락했고, 원형경기장에서 로마 시민들의 사랑을 받는 검투사로 복귀한다. 결국 막시무스는 가족을 죽인 황제에게 복수하고 로마를 공화정으로 바꾸며 장렬하게 죽는다.

막시무스를 직업인이라고 본다면 그는 군인이었다. 그렇다면 막시무스는 대단한 직업 전문성을 가지고 있었다. 전쟁터와 검투장을 누비며 보여주는 그의 무술 능력이 그것을 말해준다. 더구나 무수한 전투현장에 직접 참전하여 군대를 지휘하며 보여준 능력이기에 값지다. 로마군대 북부 정벌군 사령관으로 있을 때나 짐승 같은 대접을 받으며 상대를 죽여야만 살 수 있는 비참한 글래디에이터로 전락했을 때나 막시무스는 변함없이 자신의 능력을 발휘했다.

영화 중에 카르타고 해전을 복원한 전투를 콜로세움에서 벌이는 장면이 나온다. 로마 기병대가 카르타고의 야만인 군대를 맞아 싸워 승리한 전투를 재현한 것인데, 검투사들을 야만인으로 내세워 실제의 전투를 벌였다. 수많은 로마 군중 앞에서 볼거리로 제공된 이 전투에서 막시무스는 탁월한 리더십을 발휘한다. 검투사들 중에 군대 경험을 가진 사람이라곤 1년 정도 복무한 한 사람밖에 없었다. 하지만 막시무스는 특유의 리더십으로 로마 정예 기병과 맞서 싸워 끝내 승리하고 만다. 본래의 카르타고 해전에서는 로마의 젊은 장수 스키피오가 카르타고의 한니발 장군의 군대와 맞서 이겼는데, 역사적 사실과 반대 상황이 되어버렸다. 이것이 바로 진정한 능력이고 리더십이다.

막시무스는 늘 고향을 꿈꾼다. 영화는 시작과 마지막 장면에서 추수를 앞둔 밀을 쓰다듬는 투박한 손을 묘사하고 있다. 막시무스의 손이다. 결혼반지가 끼워진 그 손은 사랑하는 아내와 아들이 있고, 부모님의 무덤이 있는 고향을 그리워하는 막시무스의 사랑을 잘 보여준다. 황제에게 군 복무를 마치면 고향으로 돌아가겠다고 말할 때도 집에 갔다 온 지 2년 264일이 지났다고 날수를 세고 있었다.

막시무스의 가정적인 면모는 일터에서도 그대로 드러났다. 게르만족과 치열한 전투를 앞두고 있을 때도 막시무스는 병사들이 너무 지쳐 있음을 염려한다. 승리 후에도 병사들을 그대로 두면 얼어 죽고 말 것이라면서 황제에게 병사들의 휴식을 간청한다. 하지만 일도 잘하고 가정적이기도 한 것이 그렇게 쉬운 일은 아닌 듯하다. 막시무스는 야망을 가지고 부친인 왕을 살해

한 콤모두스에게 충성을 다할 수 없었기에 결국 가족을 잃었다. 막시무스가 가족들을 잃은 후에 오열하는 장면에서 오늘 우리 시대 직업인들이 일하느라 가족을 제대로 돌보지 못하는 모습이 투영된다.

한 쇼핑몰 회사를 섬기던 사목에게 들은 이야기이다. 사목을 찾아온 어느 직원이 자기는 퇴근하기 전에 기도를 한다고 했다. 어떤 기도를 하느냐고 물었더니 "하나님, 제가 퇴근하고 집에 가서 아이들과 놀아 줄 수 있는 힘을 남겨주소서"라고 기도한다는 것이 아닌가! 무슨 이야기인지 물었더니 그 직원이 대답했다. 아침 일찍 출근해서 일을 마치고 퇴근하면 밤늦은 시간인데도 아이들이 눈을 말똥말똥 뜬 채 아빠를 기다리고 있다는 것이다. 그런데 아빠의 마음은 아이들과 놀아주고 싶은데 몸이 너무 피곤해서 자신은 퇴근 전에 그런 기도를 한다고 했다.

얼마나 안타까운 모습인가? 한편 그 직원은 얼마나 멋진 아빠인가? 그런 멋진 가장의 모습을 다윗이 보여주었다. 다윗 왕은 블레셋 땅에 있던 법궤를 예루살렘으로 이전한 뒤에 함께한 백성들을 축복하고 음식을 나눠준 후 돌려보냈다. 그리고 자신도 집으로 돌아갔는데 역대기 기자는 의미 있는 진술을 하고 있다. "이에 뭇 백성은 각각 그 집으로 돌아가고 다윗도 자기 집을 위하여 축복하려고 돌아갔더라"(대상 16:43). 당신에게도 퇴근하는 목적이 있는가? 그저 일하다가 지쳤으니 쉬기 위해 집에 가는 것이지 무슨 목적이 있겠냐고 말하지 말자. 이제부터는 나의 사랑하는 가족들을 축복하기 위해서 퇴근한다고 떳떳하게 말해야 한다.

앞에서 말한 이만수 감독도 이런 경험을 했다. 그가 미국으로 가서 메이저리그 시카고 화이트삭스 팀에서 코치생활을 하던 때 타격코치로부터 견제와 모욕을 당하면서 너무 힘들었다. 그래서 아이들에게 학교 휴학을 하고 6개월만 함께 지내자고 하며 가족을 미국으로 불렀다. 그런데 미국에 온 아들들이 아버지를 피하고 눈치를 보았다. 큰 충격이어서 아내에게 말하니 "당신이 언제 애들과 따뜻하게 대화해본 적 있어요?"라고 해서 더 큰 충격을 받았다. 자신은 가정적인 사람이라고 생각했는데 아내의 말은 그저 야구밖에 몰랐고, 야구가 안 되면 성질을 부리고 아이가 울면 때렸으니 빵점 아빠였다고 했다.

그렇게 충격을 받으면서 깨달은 가족관계를 회복하는 데 3년이 걸렸다고 한다. 그가 한 인터뷰 기사에서 이렇게 말했다. "미국에 가서 가족이 하나 될 수 있었던 것이 제 인생에서 가장 좋았어요. 제가 현역 때 '이만수는 집과 교회와 야구밖에 모른다'고 했는데 그게 순 거짓말이었어요. 미국에 안 갔으면 애들하고 영영 가까워지지 못했을지도 몰라요."

그는 야구 시즌이 끝나 쉬는 동안 아이들과 함께 지냈고, 유명한 '아버지학교'도 수료했다. 그러면서 자신에게 부족한 부분을 채우기 위해 노력했다. 그가 한국으로 돌아와 SK와이번스 팀 수석코치로 있을 때 2007년 시즌에 팀이 첫 우승을 했다. 그때 큰아들이 아버지를 업고 그라운드를 돌았다. 과거 미국에서 코치로 있던 팀이 우승했을 때는 시험이 있어 함께하지 못했던 큰아들 대신 미식축구를 하는 거구의 작은 아들이 그를 번쩍 안아 들고 그라운드를 돌았다.

우리는 세상 사람들 앞이 아닌 하나님 앞에서 명심해야 한다. 가족을 제쳐두고 거두는 직업적인 성공은 성공이 아니다! 성공의 축에도 끼지 못한다. 교회생활로 표현되는 신앙생활은 제쳐두고 거두는 일터와 가정의 성공도 하나님이 기뻐하시지 않는다. 일터와 가정과 교회의 균형을 반드시 잡아야 한다.

어떻게 균형을 이룰 수 있는가? 예를 들어 가정에 특별한 일이 생기면 직장이나 교회에 양해를 구할 수 있다. 직장이나 교회에 특별한 일이 생겨도 가족에게 양해를 구할 수 있다. 물론 현실적으로 가정이나 교회의 일 때문에 직장에 양해를 구한다고 호응을 얻기는 그리 쉽지 않다. 그래도 주어진 여건에서 최선을 다해 조화로운 삶을 위해 노력해야 한다. 크리스천 트라이앵글의 심각한 위협을 주는 요인이 발생한다면 자신의 문제를 잘 진단하면서 삶의 기준을 새롭게 설정할 필요도 있다. 이렇게 직장과 가정과 교회의 균형이 잘 잡힌 성공을 하나님이 기뻐하신다.

••• 스토리 메시지

초등학교에 다닐 때 작은 트라이앵글을 길게 펼쳐서 쳐본 기억이 난다. 소리가 나긴 났는데 정상적인 트라이앵글의 소리와는 차이가 난다고 어렴풋이 느꼈다. 나중에 알았는데 트라이앵글의 정삼각형 내부 공간은 공명의 공간이다. 만약 트라이앵글이 정삼각형을 이루지 못하고 기울어지면 제대로 소리를 내지 못한다. 크리스천 트라이앵글에도 조화가 필요하다. 당신의 트라이앵글을 점검해보라. 어떤 소리가 나는지 확인해보라. 많은 사람은 가정생활에서 삐걱거리는 소리가 나는 경우가 잦다. 어떤 상황이든 균형과 조화를 추구하는 노력이 필요하다.

일과 쉼
: 하나님의 선물

전에 야근에 대해 토론하는 인터넷 사이트에 들어가봤다. "야근 안 하고 어떻게 직장생활을 하느냐?"라는 반응도 있고, "야근해 봐야 전기세나 많이 들고 화장실 물값만 아깝다"라는 무용론도 있었다. 분명한 것은 직업인들이 늘 바쁘게 일을 해도 끝이 없 다는 현실이다. 가족을 위해서 일하고 희생한다고 하지만 아내 와 대화 한 번 제대로 나누기 힘들고, 자녀가 어떻게 생활하고 있는지 모르는 직장인들도 있다. 그러다가 일중독에 빠진다. 이 런 현상은 여성 직장인들보다는 아무래도 남성 직장인들이 더 욱 심할 것이다.

우리나라 굴지의 회사를 경영하던 한 CEO는 신입사원 때부터 일이 좋아서 새벽 두 시에도 깨고, 세 시에도 깨고, 네 시에도 깼다고 한다. 공휴일에도 출근하고 하루도 빠지지 않고 출근한 기간이 4년쯤은 된다고 하는 이야기를 들었다. 입사할 때부터 사장이 되려고 계획을 세웠다고 한다. 주인의식을 가진 직장인이라고 칭찬받았을지는 몰라도 왠지 모르게 씁쓸했다.

현대 사회만 그런 것이 아니라 3천 년 전 솔로몬이 살던 시대도 비슷했다. 끊임없는 일 때문에 고통받는 사람들을 보면서 솔로몬은 그 모든 것이 헛되다고 탄식했다. "이것도 헛되어 불행한 노고로다." 전도자 솔로몬이 탄식한다(전 4:6-8). 이렇게 일중독은 삶의 의미를 빼앗아간다. 일중독에 빠진 사람들에게 '안식일'은 '안쉴일'이다. 그러나 안식은 일하시던 하나님이 안식의 모범을 보이면서 우리에게 주신 명령이다. 하나님은 하나님이 창조하시던 모든 일에서 손을 떼고 쉬셨다. 세상을 창조하신 일의 완성으로서 안식을 인류에게 주셨다(창 2:1-3). 우리도 하나님과 함께 일하듯이 하나님과 함께 안식할 수 있어야 한다.

한자의 '바쁠 망'(忙)을 생각해보라. '마음 심'(心) 변에 '죽을 망'(亡)의 합성어이다. 이 표현대로라면 바쁘면 마음이 죽는다. 옛날 중국인들은 바쁘면 몸은 나중에 죽어도 일단 마음이 먼저 죽는다고 생각했다. 그러니 바쁘게 열심히 일하기만 한다고 능사가 아니다. 쉼이 필요하다. 하나님은 십계명의 4계명에서 휴식만을 명령하시지 않고 엿새 동안 힘써 모든 일을 하라고 먼저 명령하셨다. "안식일을 기억하여 거룩하게 지키라. 엿새 동안은 힘써 네 모든 일을 행할 것이나 일곱째 날은 네 하나님 여호와의 안식일인즉 너나 네 아들이나 네 딸이나 네 남종이나 네 여종이나 네 가축이나 네 문안에 머무는 객이라도 아무 일도 하지 말라"(출 20:8-10).

일과 쉼의 원리를 제대로 실천하지 못하면 우리 인생에 문제가 많이 생긴다. 러시아에 공산혁명이 일어난 후 레닌은 노동 생산성을 높이고 기독교를 말살하기 위해 7일간 일하고 하루를 쉬게 하였다. 그런데 결과는 국가 생산성이 30퍼센트나 떨어지고 온갖 인명사고가 터졌다. 당황한 레닌과 공산당 정부는 5일간 일하고 하루를 쉬게 하였는데 결과는 마찬가지였다. 결국 본래 6일간 일하고 쉬는 체제로 돌아갔다.

엿새 동안 힘써서 일한 후에 일곱째 날에는 일하지 않는 것이 안식일을 거룩하게 지키는 방법이다. 한 신학자는 십계명의 다른 계명보다 4계명이 가장 길고 구체적인 적용까지 상세하게 기록된 것은 이 계명이 매우 중요하기 때문이라고 했다. 안식은 우리가 선택할 사항이 아니라 꼭 지켜야 할 계명이다. 우리의 일은 여가를 통해 완성된다는 사실을 명심하면서 일과 여가의 균형을 이룰 수 있어야 한다. 요즘 노동시간을 줄이고 사람다운 삶을 살자고 강조하는 우리 사회의 '워라밸'(Work and Life Balance)

운동은 이미 십계명에 반영된 하나님의 뜻이다.

유대인들의 시간 개념에 따르면 해가 떨어진 저녁에 하루가 시작된다. 하루의 일과를 감사하며 마치고 나서 퇴근하는 때가 하루의 시작이다. 자신은 일을 마치고 쉬지만 그 시간에도 하나님은 계속 일하시기에 집으로 돌아가서도 마음 편히 쉴 수 있는 것이다. 밤에도 안심하면서 잠들 수 있다. 나는 쉬지만 내가 쉬는 동안에도 하나님은 계속 일하신다. 우주를 운행하시고 한순간도 졸거나 주무시지 않는 분이 하나님이시다(시 121:3-4, 127:2).

그리고 다음 날 아침에 기분 좋게 일어나 일터에 나와 하나님이 하신 일을 이어받아서 하면 된다. 엊저녁에 하루를 시작할 때부터 쉬면서 하루의 절반 이상을 이미 보냈지만 하나님은 이미 일을 시작하여 내가 일을 시작할 때까지 계속해 오셨다. 그 하나님과 함께 마음 편히 일할 수 있다. 그렇게 일해서 하루를 마치고 감사하며 퇴근하면 된다. 이것이 유대인들의 하루 개념이다.

벤저민 프랭클린이 "일찍 일어나는 새가 벌레를 잡는다"는 격언을 만들어 계획적인 삶의 가치를 강조한 이후로 현대인들은 새벽에 빨리 일어날수록 하루를 빨리 시작할 수 있다는 생각을 한다. 유대인들과 달리 현대인들의 하루 개념은 어떤가? 보통 바쁜 직업인들은 아침에 알람에 놀라 깨어나서 출근 전쟁을 벌인다. 출근해서 일을 하는데, 일이란 본래 끝이 없기에 해도 해도 일거리는 줄어들지 않는다. 퇴근도 제때 못하고 야근을 한 후에 집으로 돌아가는데 집에 가서도 할 수 있으면 일을 더 한다. 잠을 자려 해도 잠들기 힘들다. 아직 일이 끝나지 않았기 때문이다. 하지만 어쩔 수 없이 잠자리에 들지만 잠이 잘 오지 않는다. 뭔가 더 했어야 하고, 또 해야만 일을 다 마칠 수 있는데 그러지 못하는 자신이 안타깝다. 잠을 자는 둥 마는 둥 했는데 또 다음 날 새벽의 알람이 요란하게 울린다. 또다시 놀라 깨어나서 출근 준비를 한다.

이런 삶이 현대 사회를 살아가는 직업인들의 일상과 그리 크게 다르지 않을 것이다. 하루의 시작에 대한 차이를 너무 과장되게 설명하긴 했다. 하지만 하루의 시작과 끝이 새벽인가, 저녁인가에 초점이 있지 않다. 하루의 삶을 살면서 하나님과 함께 살아가는가, 그렇지 않은가가 관건이다. 또한 우리가 하는 일과 여가는 하나님을 신뢰하는 믿음과 관련되어 있음을 알 수 있다.

우리 주 예수님은 인류에게 진정한 쉼과 여가, 영원한 안식에 대해서 몸소 가르치기 위해 세상에 내려오셨다. 그래서 그분이 바쁜 공생애 시간을 보내면서도 쉬는 시간을 가지셨던 것이 이채롭다. "이르시되 너희는 따로 한적한 곳에 가서 잠깐 쉬어라 하시니 이는 오고 가는 사람이 많아 음식 먹을 겨를도 없음이라"(막 6:31). 결국 구원을 이 땅에서 맛보게 하는 진정한 안식을 십자가로 이루어주셨다. 그래서 말씀하신다. "수고하고 무거운 짐 진 자들아 다 내게로 오라. 내가 너희를 쉬게 하리라"(마

11:28). 하나님이 6일간 창조하신 후에 하루를 쉬신 것도 바로 이 휴식의 진정한 의미를 보여준다. 예수님이 그 하나님의 모범을 따라서 쉼을 강조하셨다.

일을 하는 이유 못지않게 쉬는 이유도 잘 알아야 한다. 열정적인 목회자 가운데 쉬지 않고 일하는 사람들이 있다. 그들에게 쉬라고 하면 하나님의 사역을 어떻게 쉬느냐고 반문하기도 한다. 얼핏 들으면 경건하게 들리지만 성경적인 자세는 아니다. 우리가 안식해야 할 이유는 명백하다. 하나님도 일하신 후에는 쉬시니 우리도 쉬어야 한다. 성과를 내고 인정받기 위해서 일중독에 빠진 사람이 많다. 그들이 들어야 한다. 쉼이 얼마나 중요한 원리인지 알아야 한다.

축구 등 여러 스포츠 종목을 보면 하프타임이 있다. 그 시간은 전반전을 돌아보고 후반전을 새롭게 준비하는 중요한 시간이다. 그 시간에 이전 경기를 분석하고 전략을 새롭게 구상하지 못하면 이기다가도 역전패를 당하기 쉽다. 이런 하프타임이 우리 삶에도 꼭 필요하다. 인생에서도 35세나 40세, 요즘 같은 백세 시대에는 50세에도 인생의 하프타임을 설정하고 남은 인생을 돌아보면 좋다. 1년의 하프타임은 여름휴가이다. 떠들썩하고 정신없이 보내기보다 상반기를 분석하고 하반기를 구상할 수 있어야 한다. 한 달의 하프타임, 한 주의 하프타임도 계획할 수 있고, 하루의 하프타임도 가능하다.

랍비 웨인 도식은 그의 책 「비즈니스 바이블」에서 '작은 안식'(mini-sabbath)을 지키라고 강조한다. 매일, 혹은 며칠에 한 번씩이라도 시간을 정해서 스트레스가 쌓이는 일을 제쳐두고 활력과 새로움을 되찾으라고 한다. 길지 않더라도 하루에 20~30분의 시간을 떼어놓으라고 제안한다(한세 펴냄, 166-168쪽). '작은 안식'은 근본적인 것이 무엇이고, 관심을 가져야 할 것이 무엇인지 깨닫게 해서 지켜야 할 원칙과 우선순위에 집중하게 해준다. 일하던 중 점심시간의 한부분도 작은 안식을 위한 좋은 기회이다. 일과를 시작하기 전 30분의 시간도, 퇴근하기 전에 잠시 시간을 내며 감사거리를 찾고 하루의 일을 정리하는 시간을 통해서도 우리는 작은 안식을 누릴 수 있다. 그저 바쁘게만 살지 말고 이런 작은 안식도 계획하고 실천해보자.

주일 성수로
당신의 믿음을 고백하라

전에 설악산 입구에 있는 한 호텔의 사목으로 섬길 때의 일이
다. 신입사원이 들어오면 상담을 했는데 그중 한 여직원은 어느
선교단체의 인천지역 총순장도 맡았던 적이 있어서 신앙의 이
력이 깊었다. 호텔경영학과를 졸업하여 호텔리어로 하나님의
나라를 세우겠다는 분명한 비전을 가지고 있었다. 교대로 주일
예배를 드려야 하기에 2부로 나눠서 예배를 드렸는데, 그 자매
는 한 예배의 반주도 맡아 하면서 신입사원의 생활을 시작했다.
그런데 6개월이 채 되지 않았는데 내가 내려가지 않은 주간에
그 직원이 퇴사했다는 이야기를 들었다. 확인해보니 주일에 온

전히 예배드릴 수 없는 호텔업의 구조에 적응하기 힘들어서 퇴사했다고 했다. 사실 주일에 예배를 드릴 수 있는 호텔은 그리 많지 않을 텐데, 주일에 한 시간 예배드린 후 바쁘게 일해야 하는 생활을 평생 계속할 것을 생각하니 감당할 수 없다고 했다.

이렇게 직장생활에 대한 고민 중 꽤 비중 있는 주제가 주일 성수의 문제다. 과거 농경 사회에서는 그다지 심각한 문제가 아니었는지 모르지만 365일 24시간 체제인 현대 사회에서 경건하게 살려는 크리스천 직장인들에게는 주일 성수가 갈등의 이유일 수 있다. 크리스천이라면 직장인들이 어떻게 주일 성수의 책임 있는 가치를 드러낼 수 있을지 고민해야 한다.

"나는 주일에는 뛰지 않습니다!"라는 선언을 한 올림픽 출전 육상선수가 있었다. 1924년 파리 올림픽에서 주일에 열리는 주 종목 100미터 육상경기 출전을 포기한 에릭 리들의 이야기는 이제 너무도 유명하다. 100미터 우승 후보인 에릭 리들의 출전 포기에 영국인들은 "신앙을 소매 끝에 달고 다니는 위선자"라거나 "조국의 명예를 버린 배신자"라고 비난했다. 그러나 에릭 리들은 굴하지 않고 200미터 경기에서는 동메달을 땄고, 단거리 선수가 출전하지 않는 400미터 경기에 출전해 세계신기록으로 금메달을 목에 걸었다.

"나는 주일에는 뛰지 않습니다!"라는 고백은 율법적 성향을 가진 신앙인의 허영이 아니었다. 주일 성수를 계속하는 가운데 너무도 당연하고 자연스러운 결정이었다. 이후 에릭 리들은 육상 영웅의 전도양양한 삶을 포기하고 스물네 살에 아버지와 형을 뒤이어 중국 선교사로 헌신하여 세상을 또 한번 놀라게 했다. 그는 텐진과 산둥반도의 농촌에서 19년간 선교사로 사역하다가 일본군 수용소에 갇혔다. 거기서도 사람들을 격려하며 헌신하는 삶을 살다가 제2차 세계대전의 종전을 보지 못하고 순교했다. 주일 성수라는 가치를 통해 세상에 하나님을 드러내고, 이후에도 자신의 책임을 다한 멋진 하나님의 사람이었다.

그런데 에릭 리들의 주일 성수는 율법적으로 계명을 준수하며 자기만족을 하는 것도 아니었다. 수용소 시절에 에릭 리들은 주일에 축구 시합을 하지 말라는 자신의 권면을 듣지 않고 아이들이 시합을 하다가 심판이 없어 난장판이 된 상황을 보았다. 이때 주일 문제 때문에 올림픽 출전을 포기했던 에릭 리들은 수용소 내 아이들의 평화와 화목을 위해 평생 신조를 깨뜨리는 일을 한다. 그는 아이들이 축구 시합을 잘할 수 있도록 주일에 운동장에 나와 심판을 봐주었다. 에릭 리들의 주일 성수는 경직된 자기 자랑이 아니었다. 안식일이 사람을 위해 있는 것이 아니라 사람이 안식일을 위해서 있다는 예수님의 말씀을 보여주었다.

캐나다 뉴라이프커뮤니티교회의 담임목사인 마크 부캐넌이

「하나님의 휴식」이라는 책에서 시에츠 버닝의 〈순종〉이라는 제목의 시를 인용한다. "폭풍우가 몰아치는 주일 아침에 귀리를 거두어들이지 않고 주일 예배를 드린 부모님의 결정은 옳은 것인가, 아니면 잘못된 것인가?" 이런 질문을 던지면서 아들의 관점에서 부모님의 결정을 잔잔하고 감동적으로 기록하고 있다. 수확량이 10분의 1도 안 되더라도 예배를 드리기 위해 수확을 포기하는 결정을 한 부모님은 비록 손해는 봤지만 결국 마음의 안식과 평안을 얻었다. 참다운 의미의 주일 성수는 바로 이런 것이다. 시의 끝부분에 이런 대목이 있다.

"저녁을 먹은 후 아버지는 '하나님께서 우리를 시험하셨고 그 시험을 이겨내어 기쁘다'고 말했다. 어머니는 '찬송가가 오늘 아침처럼 감동적이었던 적은 없었다' 고 말했다. 나조차도 '귀리를 거두어들였더라면 지금쯤 얼마나 심한 죄책감을 느끼게 되었을까' 라고 생각했다"(가치창조 펴냄, 100-101쪽).

오늘날 직업인들의 주일 성수에 있어서 직업을 선택하는 기준에 대한 고민이 꽤 심각하다. 간단히 말해 주일에 근무를 해야 하는 직장을 선택할 수 있는가 하는 문제이다. 하나님의 나라와 하나님의 의를 우선순위에 두고 살아야 우리는 주일에 예배를 드릴 수 없는 일터에 아무런 문제의식도 느끼지 않고 입사할 수는 없다. 그렇다면 호텔이나 병원, 방송국 같은 연중무휴인 직장, 백화점이나 쇼핑몰과 같은 주말이 더 바쁜 서비스업종의 직장은 다 포기해야 하는가? 그럼 그 일터에 하나님의 나라가 임하도록 애써야 하는 책임은 누가 다할 것인가?

하나님이 주신 비전을 가지고 있다면 주일 성수가 힘든 업종이라도 가야 한다. 물론 그렇게 직업을 선택할 경우 그냥 그 직장에 가기만 하면 되는 것이 아니다. 주일에 해야 하는 두 가지 중요한 일, 즉 예배와 안식을 다른 날에 대체할 수 있어야 한다. 그런 시스템을 갖추고 적응하려고 노력해야 한다. 주일에 예배 드리지 못하고 공동체와 떨어져 홀로 일하는 것은 그리 쉽게 견딜 수 있는 상황이 아니다. 많은 고통이 따른다. 그래서 이런 직종으로 가는 크리스천들은 일터 선교사 훈련을 받고 영적 무장을 하여 취업해야 한다. 선교사가 타문화권, 특히 공산권이나 이슬람권으로 가면 신앙을 표현하지 못하고 예배도 제대로 드릴 수 없는 삶을 살지 않는가? 그런 스트레스를 견디기 위해 영적 훈련과 기도가 필요하듯 일터 선교사로 무장하고 훈련하여 해당 일터로 가야 한다.

이것은 개인적인 노력의 문제만이 아니다. 교회적으로도 사역의 차원에서 관심을 가지고 노력해야 한다. 주일을 지키지 못하는 성도들을 위해 특별한 일터사역 훈련을 시켜 파송해야 한다. 해외 선교사를 파송하는 노력과 다르지 않고 중요성 또한 작지 않다. 그렇게 일터에 파송한 직장선교사는 주일 외에 다른 날에 예배드릴 수 있도록 배려하는 것도 필요하다. 만일 주일 성수를 율법적으로 적용하여 주일과 관련된 직업을 포기해버린다면 "온 천하에 다니며 만민에게 복음을 전파하라"(막 16:15)는 명령을 제대로 수행하지 못할 것이다. 이것은 편의주의를 따르는 세속화와 구별되는 것으로 우리 시대 일터선교의 중요한 전략이기도 하다.

••• 스토리 메시지

크리스천들이 주일에 일을 쉬는 것은 하나님이 선한 분이시며 우리 인생의 주관자시라는 신앙에 뿌리를 둔다. 하나님의 창조와 인류를 구원하신 예수 그리스도의 새 창조를 기념하며 기뻐하는 날이다. 이 믿음이 없는 사람들은 참된 주일 성수를 할 수 없다. 우리가 일을 하지 않고 하나님께 예배드리고 안식하는 이유를 사람들에게 설명하고 드러낼 수 있어야 한다. 비단 직장인들만의 문제는 아니지만 우리 모든 크리스천이 바람직한 대안을 찾고 성경적인 주일 성수 문화를 만들어내야 할 책임이 있다. 율법적인 태도는 버리되 세상과 타협하려 하지 않고 크리스천의 가치와 명분을 드러낼 수 있어야 한다.

C·H·A·P·T·E·R·06

책임의식을 가지고
---------------- 주일 성수를 하고 있는가?

한 회사에 새로 부임한 팀장이 부서 단합을 위해 토요일부터 일
요일까지 1박 2일의 단합대회를 연다고 통보했다. 당연히 고민
하는 크리스천 직원이 있었다. 주일이면 교회에서 예배와 봉사
와 섬김으로 종일 지내는 것으로 알려진 B주임이었다. 새로 부
임한 팀장님에게 크리스천인 자신의 존재를 분명하게 보여주어
야겠다는 생각이었는지 결심한 B주임이 팀장님을 찾아갔다. 일
요일에는 교회에 가야 하기 때문에 부서 단합대회에 참석하지
못하겠다고 단호하게 이야기했다. 아마 모르긴 해도 좀 당돌하
게 선언하듯이 말했을 것 같다. 그러자 화가 난 팀장이 "그러면

사표를 쓰라"고 호통을 쳤다. B주임은 홧김에 사표를 써내고 사무실을 나와버렸다.

물론 이런 태도에 대해서 한마디로 평가하기는 힘들다. 크리스천으로 살아가면서 때론 손해를 감수하며 결단해야 할 때도 있기 때문이다. 다니엘의 세 친구가 보여준 "그렇게 하지 아니하실지라도"(단 3:18)의 단호한 믿음의 결정이 있다. 다만 예배와 직장일 사이에 갈등이 있을 때 지나치게 율법적으로 행동하거나 감정적인 결정이 아니라 충분히 하나님의 뜻에 따르는 결단을 한다면 하나님이 기뻐하신다. 주일에 갑작스러운 회사의 중요한 업무 때문도 아니고 단합대회를 하기 위한 산행이라면 얼마든지 좋은 분위기 속에서 양해를 구할 수 있었을 듯하다. 크리스천 직업인의 주일 성수는 과연 어떻게 해야 하나님이 기뻐하실까?

주일 성수에 대한 신학적인 논란은 아직도 계속되고 있다. 중세교회의 안식일 엄수주의와 결별한 종교개혁자들의 사상은 후계자들에게 제대로 계승되지 못했다. 그래서 주일 예배를 마친 교인들이 놀이를 즐겼다고 한다. 종교개혁 시대에는 주일 예배 시간에 어깨에 매를 앉히고 있는 사람들도 있었다. 예배를 마치고 바로 사냥을 가기 위한 '준비'였다.

이후 개신교 정통주의 시대에는 엄격한 주일 성수 관행이 다시 등장했다. 그래서 17세기에 청교도들은 종교개혁 이전 교회의 안식일 엄수주의보다 더 엄격한 경향으로 되돌아갔다. 우리나라 크리스천의 3분의 2가량을 차지하는 장로교 보수교단의 신학이 이런 영향을 받았다. 이렇게 주일 성수에 관해서는 아직도 신학적 정립이 필요한 과정에 있다.

이런 상황을 감안하여 직장인들이 주일 성수 문제를 통해 겪는 몇 가지 상황 속에서 바람직한 대안을 찾아보자. 주일 성수를 통해 크리스천다움을 보여줄 방법을 모색해야 한다. 먼저 평소에는 주일에 예배드리고 쉬는 데 문제가 없지만 간혹 주일에 출근해야 하는 경우가 있다. 이때는 획일적인 대응보다 원칙에 따른 지혜로운 대응이 현명하다. 동료와 근무를 바꿀 수 있다면 그런 방법을 찾아볼 수 있다. 물론 그 사람에게는 적당한 보상을 해야 한다. 휴일에 쉬고 싶은 것은 누구나 마찬가지 아니겠는가?

그런 여건도 쉽지 않아서 부득이하게 주일에 일해야 하는 상황이 생길 수 있다. 그런 때 그 책임을 피하지 말고 주일이라도 출근해서 근무에 성실히 임하는 것도 크리스천의 바람직한 모습이다. 물론 주일 이른 시간이나 밤에 드리는 예배에 참석하거나, 혹은 낮시간이라도 양해를 구해서 가까운 교회의 예배에 참석하려는 노력은 당연히 필요하다.

이런 상황이 자주 생길 때에도 적절한 대안을 찾을 방법이 있으면 모색해야 한다. 무역회사에서 일하던 한 크리스천은 연중 몇 차례 꼭 해야만 하는 주일 근무 때문에 고민이 많았다. 주일에 부서 전 직원이 출근해서 일하기 때문에 빠지기도 쉽지 않았고, 그렇다고 주일 성수를 하지 않을 수도 없어서 고민하며 기도했다. 그러다가 부서원들에게 주일 근무가 있을 때 교회에 갈수 있도록 양해해달라고 부탁했다. 그런데 이런 일을 양해해주는 회사는 거의 없다. 그래서 그는 동료들에게 일종의 '거래'를 했다. 자신의 주일 근무를 빼주면 공휴일의 당직 근무를 일 년 내내 혼자 다 맡겠다고 제안했다.

물론 동료들의 열띤 호응을 얻었다. 하지만 그는 설날과 추석 연휴 등 1년에 10여 일의 공휴일 당직을 혼자 다 감당해야 했다. 그것이 어디 쉬운 일이었겠는가? 그러나 그는 자신이 크리스천으로서 중요하게 여기는 가치가 무엇이고, 그런 희생이 있더라도 주일 성수를 하는 모습을 동료들에게 보여준 셈이다. 주일 성수를 통해 크리스천의 가치와 정체를 멋지게 보여주었다. 이렇게 당연히 해야 하는 업무적인 측면에서는 희생하는 자세를 가지고 타협점을 찾아서 주일 성수를 모색할 수 있어야 한다.

그러나 주일에 열리는 야유회나 단합대회 같은 경우는 일터의 고유업무가 아니니 조정을 시도해보거나 여의치 않으면 거부할 여지도 더 많다. 앞에서 이야기한 B주임과 같은 경우 정중하게 자신의 신앙과 형편을 팀장님에게 이야기하며 양해를 구하고 설득할 필요가 있었다. 그런 선택의 순간마다 "보라. 내가 너희를 보냄이 양을 이리 가운데로 보냄과 같도다. 그러므로 너희는 뱀같이 지혜롭고 비둘기같이 순결하라"(마 10:16)는 예수님의 말씀을 기억해야 한다.

주일에 있는 경조사, 그중 특히 결혼식이 문제인데, 축의금만 인편에 전달하는 방법도 통용되지만 그것만으로는 뭔가 부족하다. 또 특별한 관계를 고려할 때 꼭 참석해야 할 결혼식도 있다. 이런 상황에서 더욱 곤란한 상황을 겪지 않기 위해서는 평소에 좋은 대인관계를 유지하는 일이 우선 중요하다. 평소에도 관계가 원만하지 않은데 경조사에도 참석하지 않으면 더욱 관계가 멀어질 수 있다. 이른 시간에 있는 주일 1부 예배를 드리고 결혼식에 찾아가는 방법도 있겠으나 그렇게 하면 주일 예배를 귀하게 여기는 크리스천의 가치를 그 사람에게 보여주기는 힘들다. 이런 상황에서 크리스천의 정체성을 보여주며 그 사람과 관계도 잘 유지하는 대안 한 가지를 소개한다.

일요일 열두 시, 혹은 한 시에 있는 결혼식이라면 주중(월~수요일 쯤)에 미리 찾아가서 축하해주면 좋은 대안이 될 수 있다. 나중에 축하한다고 하면 핑계에 불과하지만 미리 가면 당사자에게 더욱 인상적인 축하가 될 수 있다. 찾아가는 거리가 멀면 멀수록 효과가 더욱 좋다는 사실을 나의 경험으로 확인했다. 결혼식에 참석하기 힘들다고 미리 가서 축하해주는 방법은 매우 의미 있는 배려이다. 그러니 이렇게 하면 인간관계도 챙기면서 크리스천들에게 주일에 드리는 예배가 얼마나 중요한지 믿지 않는 상대방에게도 알려주는 일거양득의 효과를 얻을 수 있다.

앞에서 직업 선택의 상황에 대해 잠시 다뤘지만 다원화 사회의 특성상 주일에도 일해야 하는 직종에서 어떻게 주일 성수의 책임을 다할 수 있는지 생각해보자. 주일 성수는 예배에 참석만 하면 되는 것이 아니다. 몸과 마음이 쉼을 얻고 주 안에서 교제하며 누리는 안식도 포함되어야 한다. 일단 주일에 쉴 수가 없으니 둘 다 하기 힘든 상황이다. 그래도 최대한 노력하고 대안을 찾아야 한다. 보통 출근시간은 여유 있을 테니 좀 힘들어도 주일에 새벽 예배나 1부 예배에 참석할 수 있다. 그리고 선교지에 파송된다는 심정으로 출근하여 주께 하듯 일한다(골 3:23). 매장에서 만나는 손님을 주님 섬기듯 섬기고 동료들도 마음을 다해 섬긴다. 그리고 주일 근무 대체휴일을 자신만의 '주일'로 정하고 심신을 충분히 쉬면서 주일에 다하지 못한 주일 성수를 보충하기 위해 노력해야 한다. 요일이 맞는다면 수요 예배나 금요 집회에 참석해서 경건생활을 위한 노력을 할 수도 있고 특별히 정한 봉사활동을 할 수도 있다.

목회자들에게 휴가가 있듯이 성도들에게도 휴가와 같은 의미의 기회가 주어진다면 좋을 듯하다. 명절에 고향 교회를 방문해서 가족·친지들과 함께 드리는 예배는 하나님 나라 공동체의 관점으로 볼 때 얼마나 유익하고 아름다운지 모른다. 이러한 이벤트를 만들어서 주일 성수의 가치도 놓치지 않으면 좋겠다는 생각이 든다. 단 편의주의의 함정에 빠지면 우리는 레저활동과 관련된 책임 있는 주일 성수의 가치를 잃게 될 것이다.

레저와 함께 주일 성수와 관련해 소비생활도 여전히 논란이 된다. 물론 주일 성수는 과거 율법적인 주일 성수처럼 매식도 않고 물건도 사지 않는 것이 아니다. 그런데 요즘 주일이 평일과 같아지고 소비활동에 있어 아무런 구별이 없어진 현실은 문제이다. 사실 직업인들에게 있어서는 주일이 쇼핑하거나 가족들과 외식하기에 가장 좋은 시간이다. 그런데 주일 성수에 남다른 책임과 가치를 부여하려면 다른 사람을 배려하는 것 또한 바람직하다.

따라서 우리 크리스천들이 물건 구입이나 식사 모임을 가급적 토요일에 하려고 노력하면 어떻겠는가? 이웃 사랑의 차원에서 주일에는 절제하는 것이다. 율법적 엄수주의 관점의 금지가 아니라 내가 주일에 매식을 하면 결국 그 식당에서 일하는 사람들이 쉴 기회가 줄어드는 것이 아니겠는가? 그렇다면 우리는 이웃 사랑을 제대로 실천하지 못하게 된다. 물론 이것은 라이프스타일의 변화와 같은 지속적이고 구조적인 문제이기도 하다. 하지만 이런 사소해보이는 면도 생각하여 실천하다 보면 우리의 주일 성수가 더욱 책임 있고 보람될 수 있다.

　　　주일 성수에 대한 성경적 원리를 기반으로 직업현장에서 구체적으로 주일 성수를 실천할 수 있다. 주일 성수를 통해 크리스천의 정체를 드러낼 수 있는 대안을 찾아야 한다. 이를 위해 교회 안의 셀 모임이나 선교회, 청년회, 일터의 신우회 등을 중심으로 토의가 일어날 수 있도록 목회자들의 관심 또한 필요하다. 그러면 우리 시대 크리스천 직업인들의 주일 성수 문화가 세상에서 구별되지만 세상에 적응하는 독특한 문화현상으로 자리 잡을 수 있을 것이다.

회식사역으로 지긋지긋한
음주문화를 극복하라

일터에서 고민스러운 문제에 대해서 질문을 하라고 하면 아직도 여러 사람이 회식문제에 대해 묻는다. 사실 우리는 세상의 술을 없앨 수도 없고 그럴 필요도 없다. 술을 마실 사람들은 늘 존재한다. 물론 서양의 크리스천들에게는 음주가 거의 문제되지 않는다. 그런데 대한민국에서는 크리스천이 술을 마시지 않는 것을 마치 트레이드마크인 것처럼 인식한다. 물론 음주 여부나 음주에 대한 생각에 크리스천 나름의 견해가 있고 온도 차가 있다. 예수님이 사역을 시작하실 때 포도주를 만드시고 사역을 마치면서 제자들에게 포도주를 돌리셨으니 사역을 술로 시작해서 술로 끝내셨다는 농담이 있다.

성경에서 술 마시지 말라는 말이 없는데, 왜 우리 크리스천들이 술을 마시면 안 되는가? 그런 논쟁을 길게 이야기하고 싶지는 않다. 중요한 점은 우리나라 회식문화 속에서 술자리야말로 크리스천의 정체성을 드러내기 좋은 장소라는 인식이 필요하다는 것이다. 다른 분야인 일터의 업무나 인간관계, 윤리문제 등에서 크리스천답게 행동하기 위해서는 훨씬 더 많은 노력이 필요하다. 그런데 제한된 술자리에서 처신을 잘하면 크리스천으로 인정받기가 훨씬 쉽다는 뜻이다. 특히 오늘날 크리스천 직업인들이 현실에서 겪는 상황은 우리에게 책임의식을 불어넣는다. 어려움은 오늘 우리 사회의 회식문화에 있다. 요즘은 회식문화를 바꾸자는 캠페인을 할 정도로 우리나라의 유별난 일터문화가 문제이다. 그렇다면 우리는 술자리에서 어떻게 행동해야 하는가?

먼저 책임의식을 가진 크리스천으로서 회식문화뿐만 아니라 세속적 일터문화를 대응하는 원칙을 기억하면 좋다. 일터문화에 대해 격리되는 자세는 안 된다. 물론 룸살롱이나 단란주점과 같이 성적 일탈이나 뇌물 수수 등 공범을 만드는 밀실의 술자리는 피하려고 노력해야 한다. 하지만 기본적으로 참석해야 하는 정기회식 정도는 꼭 참석해야 한다. 함께하면서 구별되어야 한다. 모든 회식 자리에 참석하지 않겠다는 태도는 가능하지도 않을뿐더러 바람직하지도 않다. 회식의 본질, 즉 서로를 알아가고 축하하고 격려하고 치하하는 목적에 수긍하고, 술자리에 참석하되 구별되어야 한다. 물론 동화되면 안 된다. 술자리에 참석해서 함께 술을 마시며 그 분위기에 휩쓸리면 그것이 바로 동화이다. 동화되지 말고 함께하되 적응해야 한다.

술자리에서 꼭 술을 마셔야만 어울릴 수 있는 것은 아니다. '흑주'와 '백주'를 마시는 독특한 취향을 가진 사람도 얼마든지 술자리에서 함께 어울리며 관계를 돈독하게 할 수 있다는 점을 바로 우리 크리스천들이 보여줄 수 있어야 한다. 여기서 흑주와 백주는 콜라와 사이다를 말한다. 나의 경험이어서 자신 있게 말할 수 있는데, 이 두 가지 술을 앉은 자리에서 섞어 세 병을 마시면 술 취한 효과를 그대로 경험할 수 있다. 알코올 도수가 다른 두 술을 섞어 빨리 취하게 하는 폭탄주의 효과도 볼 수 있다. 혀도 꼬여 말이 헛나오고 얼굴도 벌게지고 화장실도 왔다 갔다 한다. 다음날에는 숙취도 있다. 궁금하면 한번 시도해보라.

결코 쉽지 않지만 술자리에서 크리스천다운 자세를 보이면서 구별되겠다고 결심하면 길이 열린다. 내 권리를 다 찾겠다는 자세가 아니라 희생하겠다는 마음으로 "착한 행실"(마 5:16)을 보여주려고 노력해야 한다. 그 착한 일이란 술자리에서 사람들을 즐겁게 해주는 분위기 메이커의 역할, 동료의 상담자 역할을 해주는 것, 그리고 귀가를 돕는 일 정도가 아니겠는가?

부산에서 일하다가 거제도에 있는 한 조선회사에 경력사원으로 입사한 K과장은 회식자리에서 어떻게 술을 피할까 고민이 되어서 기도를 많이 했다. K과장을 환영하는 회식자리에서 사람들이 폭탄주를 만들어 첫 잔을 다 돌린 후 "원샷!"을 외쳤다. 단숨에 술을 마신 후 다들 머리 위에다 술잔을 털고 있었다. 그런데 자기 술잔에는 그냥 술이 남아 있어서 K과장은 엉겁결에 머리 위에서 술잔을 뒤집었다. 술이 머리를 적시고 타고 내려 상의를 다 적셔 시원해지면서 정신이 번쩍 들었다. 자신을 환영하는 술자리에서 그런 무례를 저질렀으니 어쩌자는 것인가? 더구나 신입사원도 아니고 부서의 부팀장이 이렇게 행동해서 어떻게 부서 사람들에게 리더십을 발휘할 수 있단 말인가?

　정신이 번쩍 든 K과장은 이후의 대응을 잘했다. 자기소개부터 장황하게 시작해서 마이크를 붙잡고 회식자리를 주도했다. 옷을 적신 알코올이 증발해 추웠지만(?) 속죄라도 하려는 듯 화려한 가무를 통해 술자리를 주도했다. 그렇게 해서 자칫 왕따를 당할 뻔한 위기를 지혜롭게 넘겼다. 다음번 회식에서는 회식 총무가 자연스럽게 음료수 두 병을 K과장 앞에 가져다 놓았다.

　그렇다고 누구나 이렇게 술 한 잔을 머리에 뒤집어쓰면 문제가 해결되는 것은 아니다! 그러나 가능한 방법을 찾으면 얼마든지 하나님이 지혜를 주신다. 술도 안 마시고 꿔다놓은 보릿자루처럼 구석에 앉아 있는 것이 아니라 술자리에서 적극적으로 돌아다니면서 사람들과 이야기를 나눠보라. 술잔도 채워주면서 힘들어하는 사람들의 이야기를 들어주다 보면 술자리의 상담자 역할을 할 수 있다. 적극적으로 들어주려고 하면 여러 사람과 친해질 수 있는 자리가 바로 술자리이다.

그렇게 봉사하다가 술자리를 마친 후에는 동료들을 집에 데려다줄 수 있지 않은가? 술 안 마신 사람은 나밖에 없으니 내가 같은 방향의 동료들을 데려다주겠다고 적극적으로 나서서 봉사해주면 사람들이 얼마나 좋아하겠는가? 한 교회 청년부에서 이렇게 하는 것이 바로 '회식사역'이라면서 강의했다. 지금은 일본 선교사로 사역하는 분이 있는데, 그분이 신학교에 입학하기 전 대기업에 다니면서 회식자리에 빠지지 않고 참석해서 동료들과 놀아주고 집에까지 태워준 이야기도 해주었다.

그런데 나를 신도림 전철역까지 태워주는 그 교회 청년부 간사님이 차 안에서 자신의 이야기를 해주었다. 한 연구소에 다니는데 한 달에 한두 번은 있는 부서 회식 때 자기 차에 부서원들을 태워서 꼭 참석하여 이야기 나누며 놀아준다고 했다. 맨 정신으로 머리에 넥타이 매는 일이 쉽지는 않지만 자신은 음주를 못하니 가무에 충실하면서 적극적으로 회식에 참여했다고 한다. 회식을 마치면 자기 차에 동료들을 다 태워서 집에 데려다주는데 보통 새벽 두 시, 늦으면 네 시가 되는 때도 있다고 했다. 그렇지만 그것을 마다하지 않고 동료들을 위해 그렇게 희생하는 그의 '착한 일'은 동료들에게 매우 인상적이었던 모양이다. 연말이면 그의 부서 동료들이 일 년 동안 함께 술자리에서 놀아주고 대리운전기사 역할을 해주어 고맙다고 꽤 많은 금액의 백화점 상품권을 선물한다고 했다. 그것을 받아서 부모님과 목사님의 연말 선물을 하는 재미가 쏠쏠하다니, 나 자신이 목사로서 정말 고마웠다. 그야말로 '회식사역'을 하는 것이 아닌가?

그의 이야기를 들으면서 그의 회사 동료들의 마음속을 한번 읽어보았다. '이 친구, 정말 괜찮은 크리스천이야. 교회에서도 청년부 간사를 하느라 퇴근할 때마다 뛰어가던데, 회식 때마다 우리를 챙겨주니 정말 고마워. 크리스천들이 이 친구 같기만 하다면 얼마나 좋을까?' 사역은 목회자만 하는 것이 아니라 이렇게 직업인들이 술자리에서도 할 수 있다.

이렇게 회식자리에서 크리스천다운 정체성을 유지하는 것이 결코 쉬운 일은 아니다. 그런데 술자리는 '밀실'이라는 더 어려운 단계가 남아 있다. 밀실은 공범을 만드는 자리이다. 룸살롱이나 단란주점과 같은 곳에서는 성적 타락과 비윤리적인 일이 자주 벌어진다. 그런 곳에 가서도 크리스천다울 수 있을까? 그런 자리는 최대한 피해야 하지만 그런 밀실에서 계약서를 쓰지 않으면 계약하지 않겠다는 거래처 사람도 있다. 술 접대를 포함한 접대를 받아야 계약하겠다는 뜻이다. 이런 곳에서 우리 크리스천들은 단호한 행동을 하지 않으면 피하기 힘든 상황에 빠질 수도 있다.

일본 출장을 종종 가던 C부장의 이야기를 들었다. 회사 직원들과 함께 출장을 가서 일본 회사의 직원들이 대접하는 저녁식사를 마쳐 갈 무렵이었다. 안쪽의 방문이 열리면서 대여섯 명의 여성들이 방 안으로 들어오는데 그 여성들이 옷을 하나도 입지 않은 채 걸어 들어왔다. 만약에 당신이라면 이런 상황에서 어떻게 대응하겠는가? C부장은 순간적으로 비명을 질렀다고 한다. 엄청나게 큰소리를 질러서 함께 식사하던 사람들도 놀라고 들어오던 여성들이 혼비백산하여 달아났다. 그러자 C부장은 소지품도 챙기지 않고 그대로 식당을 나와 숙소로 돌아갔다. 직장인들이 이런 부류의 사람들을 가리켜 비난조로 말하는 전문용어(?)가 있다. 바로 '또라이!'이다. 이 정도 되면 '전국구 왕또라이'가 틀림없다.

중요한 점은 이런 '크리스천 또라이' 덕분에 그 일본 회사의 접대문화가 바뀐 사실이다. 회사의 한 동료가 C부장에게 이렇게 불평을 했다. C부장이 비명을 질러서 술자리 분위기를 망친 후에는 일본 회사에서 다시는 그런 '깜짝쇼'를 하지 않으니 책임지라고 말이다. C부장은 그런 일을 처음 겪었는데 한국 회사의 직원들이 출장을 가면 그렇게 일본 회사의 직원들이 그날의 '서프라이즈'를 준비해서 한국 직원들을 즐겁게 해주곤 했다. 그런데 그 재미가 없어졌으니 당신이 책임지라고 불평했다는 말이다. 크리스천 또라이가 이렇게 일터문화를 바꾼다. 한국 회사에서는 C부장의 유별난 행동을 신입사원들도 알 정도로 소문이 났다. 이렇게 일터문화를 바꾸는 용기 있는 결단이 오늘 우리에게도 필요하다. 절체절명의 순간에 "아~악!" 하고 비명을 질러보자. 그렇게 해서라도 유혹을 이겨낼 수 있어야 한다.

C부장의 이야기를 들으면서 목회자로 살아가는 나에게 그런 '기회'가 오면 소리 한번 질러볼 텐데 그런 일은 없을 것 같았다. 대신 걱정이 되었다. 성도들이 세상에서 살아가며 그렇게 험하고 지저분한 일도 경험해야 한다는 점이 안타까웠다. 그래서 내가 지은 일터 사람들을 위한 기도문인 「직장인 축복 기도문」(브니엘 펴냄)의 "출장을 갈 때도 하나님의 사람답게 하소서"라는 제목의 기도문 일부를 소개한다.

"성적 유혹 앞에서는 요셉처럼 도망가게 하소서.
 오락이나 방탕의 유혹 앞에서도 대응할 용기를 주소서.
 죄짓지 않겠다고 분명하게 거절할 수 있게 도와주소서."

우리 동료들이 출장을 가고, 특히 해외나 먼 곳으로 떠나기라도 하면 더욱 일탈을 많이 하지 않던가? 그런 풍조에 휩쓸리지 않아야 하고 영육 간에 순결함을 지켜야 한다.

　　회식사역이라면서 무거운 주제의 이야기를 여러 가지
했지만 회식자리에서 우리 자신을 지키는 일만도 너무나 힘든 것이
현실이다. 사람을 돕고 그들에게 유익을 주면서 사역을 감당하는
것은 더욱 어렵다. 한 직장인은 회식에 참석해서 2차까지 가서 회식
사역을 다 감당하고 동료들을 집에까지 자기 차로 태워주고 집에
돌아오니 새벽 여섯 시였다고 한다. 그래서 샤워하고 출근했다. 이
렇게 세상 속 크리스천의 사명을 결코 포기하지 않고 세상 속에서
치열한 회식사역을 감당해 나갈 때 우리는 하나님의 사람으로서 우
리 일터에서 책임을 감당할 수 있다. 그리고 분명하게 인정받을 수
있다. 술자리에 참석해서도 결코 흐트러지지 않는 멋진 크리스천
아무개라고 말이다.

무속문화 현장에서도
크리스천다운 대안을 제시하라

요즘 같은 세상에 아직도 일터에서 고사를 지내거나 푸닥거리를 한다면 의아하게 생각할 수도 있다. 그런데 아직 무속문화의 잔재가 일터현장에 꽤 많다. 포스트모더니즘 현상 때문인지 부쩍 무속과 미신적 습속이 활개를 치고 있다. 일본의 한 전자업체를 방문했던 분이 전자 계기의 내부를 열어보았더니 거미줄처럼 연결된 복잡한 내부 배선 속에 조그만 부적이 붙어 있었다고 한다. 이것이 첨단과학시대를 사는 사람들의 딱한 모습이다. 첨단기술로 인공위성을 쏘아 올린 우리나라 과학자들도 돼지머리를 앞에 놓고 고사를 지냈다는 웃기 힘든 일이 실제로 있었다.

이렇게 인간의 한계를 극명하게 보여주는 시대에 우리 크리스천들은 어떤 자세를 가져야 할까? 소극적으로 대처하는 크리스천들은 고사가 있다고 하면 그저 뒤에 서 있거나 신경 쓰지 않고 있을 수도 있겠으나 임원이거나 직급이 높을 경우 앞에 서서 순번에 따라 절을 해야 하는 경우에는 난감하지 않을 수 없다. 그저 고사는 말 그대로 고사 '문화'일 뿐이고, 신앙과 관계된 문제가 아니라고 합리화하면서 마음은 주님께 드리고 몸만으로 절을 한다는 사람들도 꽤 있다! 그런 자세는 크리스천다운 정체를 드러내는 자세가 아니고 명백한 잘못이다. 우상 숭배를 금지한 하나님의 말씀에 따라서 우리는 크리스천다운 대응 자세를 보여주어야 한다. 그러면 어떻게 할 수 있겠는가?

때로 고사자리에서 강하게 부딪혀서 하나님의 놀라운 은혜를 얻었다는 간증을 들을 수 있다. 사표를 쓸 각오를 하고 절해야 하는 상황에서 몰래 빠져나와 기도했다는 직장인이 있다. 행사후에 사장님이 호출을 해서 정말 끝장이구나 생각하고 사표를 써서 들어갔더니 "장로들은 다 절하던데 화끈하게 절하지 않은 아무개 권사가 마음에 든다"면서 교회도 나가지 않는 사장님이 칭찬을 했다. 할렐루야! 다니엘 3장에서 볼 수 있는 다니엘과 세 친구의 경험을 그분은 고사자리를 극복하면서 체험했다.

언제나 그런 방법만이 아니라 또 다른 대안도 생각할 수 있다. 사람들이 고사를 지내는 목적을 생각해보면 대안을 모색할 수 있다. 물론 고사를 지내는 방법은 우리 크리스천들이 수긍할 수 없다. 하지만 회사가 잘되고, 그 프로젝트가 잘되고, 그 기계가 고장 없이 잘 가동되기를 바라는 마음은 그 일터에서 일하는 우리 크리스천 직장인들도 당연히 가지고 있다. 그러면 그렇게 고사의 본질에 충실하면서 크리스천답게 대안을 제시할 방법을 찾을 수 있다.

회사에서 고사를 지낸다는 공지가 있으면 주관하는 부서(총무팀이나 비서실 등)에 직장선교회(신우회)의 명의로 공문을 보내보면 어떨까? "우리는 매주 모여서 회사의 발전과 회사의 사람들을 위해 기도하는 기독신우회인데, 우리의 기도 제목이 아래와 같습니다. 또한 이번에 지내는 ○○ 목적을 위한 고사에서도 우리 크리스천들은 신우회의 이름으로 우리가 섬기는 하나님께 기도하기를 원하는데, 고사자리 옆에 우리가 예배드리고 기도할 수 있는 자리를 마련해주시기 바랍니다." 참고사항으로 각 종교 성직자들이 차례로 종교의식을 집전하는 국장(國葬)을 참고하라고 하면 좋다. 국립현충원에서 국장하는 장면을 보니 기독교, 천주교, 불교, 원불교, 이렇게 네 종교의 종교인들이 나름의 의식을 차례로 진행한다.

이런 내용으로 보낸 공문을 받아본 윗사람들이 어떻게 반응할까? 아마도 웃기고 있다고(?) 코웃음을 치지 않겠는가? 그저 머릿속으로만 생각한 것이 아니고 실제로 내가 그렇게 제안을 했다. 경상남도 거제도에 있는 한 조선소와 대전에 있는 한 연구소에서 강의하면서 질문을 받고 대화하면서 동일하게 고사에 대한 신우회의 대응을 제안했다. 거제도의 조선소에서는 주기적으로 사고 예방과 안전기원 고사를 지내면서 심지어 무당들까지 동원해 아예 굿판을 벌이는 상황이었다. 대전의 연구소에서는 동물 실험을 많이 해서 1년에 1만 2천여 마리의 실험동물들을 희생시키기에 정기적으로 회사에서 동물들의 영혼을 달래는 수혼제(獸魂祭)를 지낸다고 했다.

이럴 때 공문 형태로 회사 쪽에 제안해보라고 했다. 거절을 당하더라도 신우회의 존재를 드러내고 나름의 정체성을 드러내는 분명한 기회가 될 수 있다. 한 번 해서 이루어지지 않더라도 두 번, 세 번 계속해서 시도하라고 했다. 회사라는 조직의 특성상 윗사람들의 인적 구성이 바뀌든지 상황이 변하다 보면 이런 시도가 의외로 결실을 맺을 수도 있다. 이런 일은 그저 일터사역을 하는 목사의 머릿속에만 있던 '이론'인 줄 알았으나 실제로도 가능한 경우를 보았다.

어느 해 여름, 한 교회 청년부의 여름수련회 특강을 갔는데 그 교회의 청년부 회장인 형제가 이야기해주었다. 그 형제는 한 육류가공 유통회사에 다니는데 그 회사는 사장님의 지시로 연초에 회사 차원에서 고사를 지낸다. 그 행사를 주관하는 사람이 그 회사의 이사(크리스천!)인데 그분이 고사를 다 준비해주고는 한 사람을 세워 고사를 진행하게 한다고 했다. 그리고 그 이사님과 주임인 형제(20여 명 직원 중 크리스천임을 밝힌 두 사람)가 함께 옆에서 기도를 드린다고 했다. 그런 일이 해마다 연초에 반복되니 그 회사의 직원들은 고사를 지낼 때면 크리스천들도 함께 옆에 서서 회사를 위해 기도하는 것이 당연한 줄 알고 있다. 이런 멋진 일이 실제 상황이라는 점 때문에 나는 매우 고무되었다. 이런 대안을 시도해보라. 시도하다 보면 길이 열린다. 하나님이 세상 속에서 크리스천의 정체성을 유지하기 위해 노력하는 우리를 어여쁘게 보시고 은혜를 주신다.

무속문화에 대한 대응으로 가장 바람직하고 궁극적인 대안은 고사를 예배로 대체하는 방법이다. 이런 방향으로 적극적인 노력을 시도할 수 있다. 지금은 목사 안수를 받은 탤런트 임동진 씨가 간증한 이야기가 이 상황에 꼭 맞는다. 예전에 인기를 누렸던 TV드라마 〈대조영〉에서 임동진 씨가 양만춘 장군 역을 섭외받았다. 스태프들이 고사를 지내니 와서 절도 하고 후배들을 격려해달라고 부탁했다. 그때 임동진 씨는 자신은 현재 준목이고, 곧 목사가 될 사람이니 고사 대신에 효과는 똑같으니 드라마도 잘되고 사고도 나지 않도록 하나님께 기도하며 예배를 드리자고 제안했다. 연예계나 스포츠계에서 고사를 지내지 않고 일을 시작하는 경우는 극히 드물다고 하는데, 스태프들이 의외로 임동진 씨의 제안을 받아들였다. 그래서 광고를 했더니 그날 꽤 여러 사람이 모였다. 갑옷 입고 수염을 붙이고 고구려 무사 복장을 한 사람들이 세트장에 모여서 드라마를 시작하는 예배를 드렸다! 고구려인들이 드린 국내 최초의 예배, 할렐루야!

• • • 스토리 메시지

그저 관행으로 계속해온 회사의 문화이고 관습이니 어쩔 수 없다고 쉽게 포기해버리면 안 된다. 아무런 고민 없이, 크리스천의 피맺힌 고뇌 없이 그저 남들처럼 넋두리하는 패배의식에 빠지지 말아야 한다. 문제의식을 가지고 노력하면 일터의 고사문화나 미신문화를 변혁하는 대안도 찾을 수 있다. 속 시원하게 문제를 해결하기가 힘들어 답답하더라도 우리 주님이 기뻐하신다. 하나님이 힘을 주시고 미처 생각하지 못한 지혜와 대안도 허락해주신다. 이런 노력을 통해 크리스천 직장인들이 일터를 사랑하고 일터의 주역이 될 수 있다는 점을 일터의 사람들에게 분명하게 보여주어야 한다.

크리스천다움을
분명하게 알려주는
신실함 이야기

당신은 거짓말하지 않는 리얼 크리스천인가?

중국 쑤저우에 공장이 있는 우리나라 기업 S전자에서 있었던 일이다. 노트북 컴퓨터를 생산하는데 검은색이나 은색, 흰색 제품을 주로 생산하다가 젊은이들의 취향을 반영해 다양한 색상의 케이스를 부착한 노트북을 생산하기로 결정했다. 자재 구매를 담당하는 A부장이 노트북 케이스 구매를 위해 나섰다. 대만의 옛 수도 타이중에 있는 노트북 케이스 제작회사에서 생산하는 칼라 노트북 케이스가 가장 품질이 탁월했다. 그 회사에 구매를 위해 연락을 했더니 이런 답이 돌아왔다. "전에 우리 회사가 S전자와 거래한 적이 있습니다. 그런데 사장님의 지시로 이제는 더 이상 거래하지 않습니다."

전에 거래하면서 갑질이나 안 좋은 사건이 있었던 듯했다. 하지만 아무리 다른 공장을 확인해봐도 그 회사의 노트북 케이스만큼 품질도 좋고 가격 경쟁력도 있는 제품을 찾을 수 없었다. 최고의 제품을 쓰고 싶은데 S전자라는 회사이름으로는 구매하기 어려웠다. 크리스천인 A부장은 거짓말을 할 수도 없고 물건 구매를 포기할 수도 없어서 난감했다. 직장인들이라면 흔히 겪을 수 있는 문제인데, 이런 경우라면 과연 어떻게 문제를 풀어가야 하는가?

사람은 하루에 거짓말을 몇 번씩 한다는 제목의 책도 있고, 누구나 거짓말을 한다는 거짓 위로를 종종 듣기도 한다. 하지만 우리 크리스천들은 정직해야 한다. 이것을 모르는 사람은 없다. 특히 일터에서 이익과 관계되어 있으면 정직하기가 쉽지 않다. 정직하지 못했던 나의 쓰라린 실패가 타산지석이 되면 좋겠다는 심정으로 나의 잘못을 고백한다.

전에 직장인들을 위한 잡지 월간 〈일하는 제자들〉의 편집장으로 일할 때였다. 인쇄 사고가 자주 나서 초창기에 거래하던 인쇄소로 거래처를 바꾸기로 했다. 인쇄소의 담당자와 전화로 인쇄비를 조율하는데 전에 거래하던 인쇄소의 인쇄비 단가를 알려주면 그 가격에 맞추어주겠다고 했다. 그런데 나는 인쇄비 단가가 적힌 거래명세서를 분명히 보면서도 500원 낮추어서 말했다. 거짓말이었다. 그렇게 하겠다고 미리 결심하지도 않았는데 너무도 자연스럽게 인상 전의 단가를 말했다. 전화를 끊고 나니 너무나 참담했다. '너 목사 맞니?'라는 자책과 '그런다고 그 돈이 네 돈이 되니?'라는 비웃음으로 머릿속이 복잡하고 괴로웠다. 다시 전화해서 사실은 단가가 더 높다고 나의 거짓말을 고백했다.

이후 인쇄소 팀장님이 우리 사무실에 왔을 때 다시 용서를 구하자 그분은 이렇게 말했다.

"그런 일 자주 있는 일입니다. 우리 영업사원들은 숨 쉬는 것 빼고는 모두 다 거짓말이라 그럽니다."

영업사원의 애환으로 애교 섞어 위로해주었지만 나는 창피해 죽는 줄 알았다.

또 한번은 잡지의 편집을 마친 후에 당시 발행인이었던 방선기 목사님께 최종 교정 상태의 원고를 보여드렸던 때의 일이다. 평소에는 그런 질문을 하시지 않는데, 그날따라 퍼즐 퀴즈 응모를 사람들이 많이 하느냐고 질문하셨다. 사실은 그달에 응모자가 한 사람밖에 없어서 선물을 주기로 한 나머지 네 사람의 이름을 채워넣었다. 편집부원들이 그런 경우에는 관행적으로 가명을 넣곤 했다며 처리했는데 나도 사소한 일로 여겨 신경을 쓰지 못했다.

만약 방 목사님이 그 질문을 하셨을 때 내가 또 거짓말을 했으면 평생 후회했을 것이다. 퍼뜩 성령님이 간섭하신다는 생각이 들었다. 사실은 한 명밖에 응모하지 않아서 직원들의 지인 몇 사람의 이름을 올려놓았다고 사실대로 말씀드렸다. 그때 방 목사님이 나를 꾸짖으신 말씀을 아직도 잊지 못한다.

"원 목사, 우리가 혹시 나중에 복음 때문에 피치 못하게 거짓말을 하게 될지도 모르는데 이런 사소한 거짓말은 하지 말자!"

나는 아랫사람으로서 방 목사님께 너무 죄송했다. 그리고 독자들을 향해 '인쇄된 거짓말'을 할 뻔한 죄를 막아주신 하나님께 감사했다. 그래서 한 명만 응모한 사실을 그대로 잡지에 밝혔다.

가만히 돌아보면 나는 마땅히 정직해야만 할 때 정직하지 못했다. 그 이유는 용기가 없었기 때문이다. 눈 한번 감고 손해도 감수하겠다는 각오를 하면 정직의 실천이 그렇게 어렵지만은 않은데 그걸 제대로 하지 못해 부끄럽다. 성경은 십계명의 제9계명뿐만 아니라 여러 곳에서 거짓말하지 말라고 강조하고 있다(출 20:16, 레 19:11, 골 3:9). 일하는 사람들은 특히 일터에서 거짓말하지 않고 정직하기 위해 특별한 노력을 기울여야 한다.

앞에서 말한 S전자 구매 담당자의 이야기는 중국 쑤저우에서 사역하시는 한 선교사님께 들었는데 이후의 이야기가 멋진 교훈을 준다. A부장은 다른 대안도 없어서 기도하며 하나님의 도움을 구했다. 대만의 노트북 케이스 회사 직원들에게는 직접 사장님을 만날 수 있게 해달라고 부탁해서 드디어 찾아가 사장님을 대면하게 되었다.

그런데 그 사장님이 A부장을 만나자마자 어느 회사에서 왔느냐고 물었다. 아마도 그 회사의 직원들이 물건을 구입할 상대 회사를 밝히지 않고 만남을 주선한 듯했다. 하지만 A부장은 사장님에게 S전자에서 왔다고 회사이름을 말했다. 그랬더니 사장님이 벌떡 일어나더니 자신의 회사 직원들에게 화를 내며 절대 물건을 주지 말라면서 나가버렸다.

거짓말을 할 수 없었던 A부장의 기도와 모든 노력이 수포로 돌아갔다. A부장은 애써준 대만회사의 직원들에게도 미안했다. 황당한 분위기여서 그랬는지 대만회사의 직원 한 사람이 담뱃갑을 던져주면서 담배를 피우라고 했다. A부장은 담뱃갑을 돌려주며 이렇게 말했다.

"우리 회사를 위해서 많이 애써 주셨는데 정말 죄송합니다. 이번 일에 대한 책임은 전적으로 저에게 있습니다. 저는 '리얼 크리스천'(real christian)입니다. 리얼 크리스천은 술과 담배를 하지 않고 성적인 범죄에 빠지지 않으며 거짓말을 하지 않습니다. 그래서 사장님께 우리 회사의 이름을 말할 수밖에 없었습니다. 애써주셔서 정말 감사하고 다시 한번 죄송합니다."

그렇게 아쉬운 마음으로 돌아 나왔다. 그런데 회사 건물을 벗어나지 않았는데 그 회사의 한 직원이 달려와 A부장에게 말했다.

"당신이 리얼 크리스천이라고 우리 사장님께 말씀드렸습니다. 왜냐하면 우리 사장님이 당신과 같은 리얼 크리스천이기 때문입니다. 다시 한번 만나자고 하십니다."

과거에 비즈니스를 하다가 안 좋은 일을 겪고 응어리가 있었지만 물품구매를 요청하는 담당자가 같은 신앙인으로 용기 있게 고백하는 것을 보고 대만회사의 사장은 앙금을 털어냈다. 그래서 결국 S전자는 젊은이들 취향에 맞는 다양한 색상의 품질 좋은 케이스로 노트북 컴퓨터를 생산할 수 있었다.

대만은 크리스천의 비율이 그리 높지 않은 나라이다. A부장이 정의하는 '리얼 크리스천'은 훨씬 적을 것이다. 그런데 어쩌면 이렇게 절묘하게 연결될 수 있는가? A부장이 거짓말을 하지 않으며 일하겠다고 용기 있게 하나님께 고백하고 실천하다 보니 하나님이 그렇게 믿음을 가진 사장을 만날 수 있도록 인도해 주신 것이 아닐까? 쑤저우에서 돌아와 나의 아내에게 이 이야기를 해주니 소름이 끼친다고 했다. 우리가 일하면서 용기 있게 실천하는 정직은 결국 하나님을 기쁘시게 할 것이 틀림없다.

회사의 이익을 위해서 관행적으로 거짓말을 하는 일이 직장인들에게 종종 있다. 우리가 크리스천이라면 이때 기도할 수 있어야 한다. "하나님, 제가 거짓말하지 않고 진실을 말할 수 있는 지혜와 용기를 주소서." 그런데 용기를 내 진실을 말해도 일의 결과가 언제나 S전자의 A부장이 겪은 놀라운 응답과 같지는 않을 때가 더 많다. 우리는 이렇게 기도할 필요가 있다. "하나님, 진실을 말하여 이 일이 성공적으로 잘되었을 때 하나님께 영광을 돌리게 하소서. 또한 설령 일이 원하는 대로 되지 않더라도 말씀을 따라 정직한 그리스도인으로 살아갈 수 있는 믿음과 용기를 저에게 허락하소서." 진실을 말하기 위해 노력하는 리얼 크리스천을 우리 주님이 기뻐하신다.

C·H·A·P·T·E·R·02

주님께 하듯이
-------------- 성실하고 탁월하게 일하라

내가 가서 설교하며 섬기는 한 회사의 직원과 이야기를 나누다
가 솔직한 질문을 받았다. 직장예배를 드리며 설교를 들을 때
"무슨 일을 하든지 마음을 다하여 주께 하듯 하고"(골 3:23)라
는 반복되는 내용을 잘 듣기는 했는데, 과연 어떻게 해야 주께
하듯이 하는 것인지 막연하다고 질문했다. 일을 하다 보면 권태
롭기도 하고 게을러질 때도 있고, 아예 일하기 싫을 때도 있는
데 어떻게 해야 주께 하듯이 일하는 것인지 궁금하다고 했다.
질문한 형제가 영화를 많이 보는 것을 알고 있어서 영화 이야기
로 주께 하듯이 일하는 게 어떤 것인지 대화를 나누었다. 사도

바울이 주께 하듯이 일하라고 성도들에게 권했는데, 사실 우리 예수님이야말로 일상생활의 영성을 직접 보여주셨던 분이다. 일하시는 예수님의 모습을 상상해보았는가? 그분이 일을 어떻게 하셨을까? 영화 〈패션 오브 크라이스트〉(The Passion of the Christ, 2004)에서 멜 깁슨 감독은 일하는 예수님을 창의성을 발휘하는 모습으로 멋지게 그려내고 있다. 예수님이 십자가를 앞두고 처절한 고통을 당하는 가운데 마리아가 회상하는 몇 장면이 사이사이에 나온다. 그중 하나가 일하시던 예수님을 마리아가 회상하는 장면이다.

예수님은 몇 사람이 앉아 식사를 할 수 있는 식탁을 만들고 있었다. 어머니 마리아가 가까이 가서 보니 전에 본 적이 없는 식탁이었다. 누가 이런 식탁을 쓰느냐고 묻자 예수님은 부자들이 쓴다고 말했다. 마리아는 그 사람들은 서서 밥을 먹느냐고 묻자 예수님은 아직 만들지는 않았는데 의자에 앉아서 식사하기 때문에 테이블이 높다고 대답했다. 그리고 의자에 앉아 식사하는 자세를 취해본다. 예수님을 따라 어머니 마리아도 어색하긴 하지만 의자에 앉아서 식사하는 모습을 따라해본다. 그 모습을 보고 예수님이 활짝 웃었다.

유대인들은 바닥에 눕다시피 몸을 길게 기울여서 식사하기에 식탁이 높지 않다. 그러나 아마도 로마문화의 영향을 받은 사람들이 신식생활을 추구하느라 높은 식탁을 주문했을 수도 있다.

혹은 예수님이 '팔레스타인 전국목수협회 갈릴리지부' 같은 동업자 모임에 가서 가구산업의 새로운 트렌드에 대한 지식을 얻었는지도 모르겠다. 물론 전적으로 나의 상상이다.

대패질하는 예수님의 모습을 상상하며 무엇을 느끼는가? 예수님의 직업을 표현하는 '목수'라는 단어는 그리스어로 '테크톤'인데, 배나 집을 설계하고 건축하는 프로젝트를 수행하는 전문가를 가리키는 용어이다. 예수님은 전문성을 가지고 하는 자신의 일에 집중하고 즐겁게 일하셨을 것이다. 힘들게 만든 문짝을 배달하러 가는 모습을 상상할 수 있다. 납품한 물건을 석 달쯤 쓰다가 잘못되었다고 반품하겠다는 진상 고객에게 예수님은 어떻게 응대하셨을까? 물건 대금을 제때 받지 못해 고생하시지는 않았을까? 일이 밀렸을 때는 야근도 하셨을 것이고, 외주도 주며 납품 기한을 맞추느라 애쓰셨을 듯하다. 우리는 그 모든 과정의 일을 예수님은 성실하고 탁월하게 하셨다고 상상할 수 있다.

폴 스티븐스 박사가 소개하는 캐나다 요크셔의 한 시골교회는 세상에서 성도들이 가지고 있는 직업이 영적인 일이고, 하나님의 교회에도 중요한 일이라는 사실을 잘 입증했다(『일터신학』, IVP 펴냄, 123쪽). 그 교회는 9만 달러를 들여서 스테인드글라스를 새로 제작하면서 한 교우를 기념했다. 그 교우는 1836년 교회

근처의 동네에서 태어난 토머스 크래퍼(Thomas Crapper)라는 사람이었는데 그의 직업은 배관공이었다. 그 교회는 화장실 변기의 윤곽이 새겨진 스테인드글라스를 통해 그 교우의 업적을 기렸다. 토머스 크래퍼는 개량형 수세식 변기를 발명했다.

그 스테인드글라스가 어떤 모습일지 궁금했다. 보통 우리가 교회나 성당에서 볼 수 있는 스테인드글라스는 고난받는 예수님이나 목자 예수님의 모습 등 성화를 새겨 넣는 것이 보통이다. 그런데 변기 모양을 넣은 변기 스테인드글라스라니 갈 수만 있다면 꼭 한번 가서 보고 싶었다. 그런데 인터넷 검색을 해보았더니 의외로 쉽게 찾을 수 있었다. 스티븐스 교수는 그 교회의 이름을 책에서 밝히지 않았으나 그 교회의 이름은 성로렌스 교회이다. 아마도 강단 앞부분에 있는 스테인드글라스인 것 같은데 홈페이지 안에서 그 모습을 볼 수 있었고, 변기가 그려 넣어진 부분의 확대 사진도 볼 수 있었다. 하지만 화장실 변기의 모양을 형상화한 검은 실루엣이 있었는데 그리 두드러지지 않아 보였다. 그것을 가지고 '변기 스테인드글라스'라고 말하는 것은 좀 우스웠다.

하지만 중요한 기념의 의도가 틀림없이 있었다. 〈글로브 앤 메일〉(The Glove and Mail)이라는 신문에 이 교회 스테인드글라스에 관한 기사가 실렸다. "그 교우의 업적을 기리기 위한 일환으로 화장실 변기의 윤곽이 멋지게 새겨져 있었다"고 보도했다. 배관공이었던 토머스 크래퍼에게 하나님이 주신 창조성과 지혜로 지금까지 수십억 명의 사람이 혜택과 편의를 체험했다. 앞으로도 수많은 사람이 토머스 크래퍼의 발명으로 유익을 얻을 것이니 하나님의 영이 허락하신 지혜와 창의성은 칭송받아 마땅하다는 내용이었다.

배관공이라는 직업은 꼭 필요한 직업이기는 하지만 사람들이 존경하거나 선망하는 직업이라고 말하기는 힘들다. 그런데 배관공으로 평생 살아가면서 하나님이 주신 지혜로 자신의 직업 분야에서 영향력을 발휘하고 사람들에게 유익을 주는 일은 매우 귀하다. 오늘 우리가 하는 일도 토머스 크래퍼의 변기를 만들던 일만큼 중요하다. 사람들이 의미 있게 평가하지도, 중요하게 여기지 않는 일이라도 성실하게 노력하여 탁월한 능력을 발휘하면 하나님이 창조하신 세상을 아름답게 만들어갈 수 있다. 이 사실을 명심하면서 우리의 일을 감당해 나가야 한다.

그런데 앞에서 질문한 형제의 말처럼 일이 권태롭고 일에 어떤 의미가 있나 회의감이 들 때가 있다. 그때 내가 어제와 동일하게 한 오늘의 일, 내일도 비슷하게 하는 일상이 의미 있다는 점을 기억해야 한다.

17세기 네덜란드 화가 요하네스 베르메르(Johannes Vermeer, 1632-1675)의 〈우유 따르는 하녀〉(Milkmaid)라는 유화가 있다. 서양에서는 우유 광고에 자주 등장하여 사람들에게 매우 친숙한 작품이라고 한다. 베르메르는 카라바지오, 루벤스, 푸생, 벨라스케스, 렘브란트 등 많은 천재 화가가 태어난 17세기, 즉 서양 미술사에서 '위대한 회화의 시기'라 불린 세기의 후반기에 활동했다. 특히 그 당시 네덜란드에서는 서민들의 일상을 그린 풍속화가 크게 발전했는데 개신교의 영향이었다. 그들은 평범한 사람들의 일상에 가치를 부여했다.

이 그림 속에서 묘사하는 하녀가 하는 일은 매우 경건해 보인다. 녹색의 식탁보 위에 곡식 알갱이가 보이는 거친 빵이 담긴 바구니가 보이고, 자른 빵조각들과 도기로 된 물병이 옆에 놓여 있다. 그 옆에 있는 그릇에 여인이 우유를 따르고 있다. 그런데 우유를 따르는 하녀의 모습이 진지하고 경건해 보일 정도로 우아하고 위엄이 있다. 얼굴의 표정은 없다. 우유 그릇을 살짝 기울여 조금씩 우유를 따르는 그 모습은 마치 수도자처럼 경건해 보인다. 작지 않은 크기의 우유 담은 단지를 들고 있는 팔뚝에는 힘이 들어간 근육의 움직임도 보인다.

우유를 따르는 사소한 일상도 주께 하듯이 일하는 모습을 볼 수 있다. 어떤 일을 하든지 이렇게 주께 하듯이 일하는 모습을 보일 때 그 일은 하나님의 영이 충만한 일이다. 이것이 크리스천의 책임을 다하는 모습이다. 이런 사례를 또 찾아볼 수 있다.

위기가 닥쳐올 때도 하나님의 사람은 탁월한 능력으로 사람을 살리고 유익하게 한다. 1989년 2월 24일 새벽 2시경, 뉴질랜드 행 유나이티드 항공 811편 비행기가 하와이 호놀룰루 공항을 이륙했다. 비행기가 6,700미터 고도에 이르렀을 무렵, 동체가 심하게 흔들리면서 화물칸 문이 강풍에 열렸다. 비행기 동체 측면에 폭 8미터, 높이 3미터의 구멍이 뚫렸다. 승객 아홉 명이 비행기 밖으로 사라져버렸다. 데이비드 크로닌 기장은 즉시 상황을 파악하고 160킬로미터 떨어진 하와이로 기수를 돌렸다. 그는 38년간 공군과 민간 항공사에서 조종사로 일한 모든 지식과 경험을 동원했다.

그런데 비행기는 장거리 운항을 위해 136톤이나 되는 연료를 실었기에 그대로 착륙하다가는 바퀴가 주저앉을 판이었다. 크로닌 기장은 연료를 쏟기 시작했다. 또 비행기의 속도를 늦추는 보조날개가 작동되지 않자 호놀룰루 공항의 가장 긴 활주로를 이용해 시속 310킬로미터로 착륙해야만 했다. 규정 속도를 40킬로미터나 넘었고 무게도 착륙 시의 최대 허용치보다 22톤이나 초과했다. 그럼에도 크로닌 기장은 승무원과 승객들에게 영원히 기억에 남을 만한 대단히 매끄러운 착륙을 해냈다. 동체에 커다란 구멍이 뚫린 비행기로 긴급착륙을 해내자 항공 전문가들은 기적이라고 불렀다.

이 무시무시한 사건이 지난 며칠 후, 크로닌 기장은 언론 인터뷰에서 화물칸 문이 날아가버린 것을 알았을 때 처음 떠오른 생각이 무엇이었느냐는 질문을 받고 이렇게 대답했다. "승객들을 위해 잠깐 기도한 후 곧바로 제 본연의 임무로 돌아왔습니다." 그 악몽 같은 밤을 지낸 생존자들은 크로닌 기장이 탁월한 능력을 가진 사람이고 하나님을 신뢰하는 사람이었다는 사실에 감사하지 않을 수 없었다(윌리엄 딜 지음, 「일요일은 주일! 평일은 죄일?」, 한세 펴냄, 39-41쪽).

••• 스토리 메시지

예수님이 창의력을 발휘하며 일하시는 모습에 대한 상상부터 시작하여 능력이 탁월한 직업인들을 소개했다. 하지만 능력의 탁월함은 모든 사람에게 기대할 바는 아니다. 그런데 최소한 성실함은 크리스천 직업인이라면 누구나 갖추어야 할 중요한 캐릭터이다. 성실하다 보면 탁월해질 수도 있고, 그러다 보면 발전 가능성도 크다. 성실하지 못한 데도 탁월한 사람을 부러워하지 말라. 그런 요행은 오래 가지 못한다. 우리는 불성실한 천재의 비참한 말로를 여럿 알고 있다. 주께 하듯이 일하는 성실한 크리스천으로서 하나님의 나라를 세워가고 사람들에게 유익을 주고 있는지 자문해봐야 한다.

C·H·A·P·T·E·R·03

정직해도 결국 인정받고
성공하기 위해 노력하라

크리스천이라면 정직하게 일하고 살아가야 함을 모르지 않지만 우리 사회에서는 정직하면 손해 보는 경우가 많다. 단기적으로 보면 정직하면 거의 대부분 손해를 본다. 장기적으로 보면 정직해도 이익을 얻을 수 있다. 물론 그 과정에서 손해를 볼 수도 있고 실패할 수도 있다. 망하기도 하니 많은 고난을 감수해야 하는 경우가 많다. 우리 크리스천의 성공은 이런 측면에서 '결국' 성공하는 것이라고 말할 수 있다. 불의한 세상에서 정직의 가치를 실현하면서 결국 성공한 사람들의 이야기가 있다.

한글라스(한국유리)의 창업자였던 고 최태섭 회장의 이야기를 소개한다. 최태섭 회장이 일제강점기에 만주에서 시작한 사업이 성공적이었는데, 주로 중국인과 일본인 사이에서 중개무역을 했다. 계약금을 걸고 기차의 화차 단위로 콩을 매입해 넘기는 사업이었다. 한번은 수십 화차 분량의 콩을 일본인에게 사들여 그것을 중국 상인에게 전매하기로 계약을 했다. 그런데 물건을 중국 상인에게 인도하기 얼마 전부터 갑자기 콩 가격이 폭등하기 시작했다.

그러자 주변의 다른 무역업자들은 위약금을 물어주고 계약을 파기한 후 다른 상인에게 비싼 값으로 콩을 팔아넘겼다. 그렇게 하면 훨씬 큰 이익이 생기기 때문이다. 이 문제로 고민하던 최태섭 회장은 기도를 많이 했다. 목사님에게 여쭈어도 "글쎄요, 큰돈을 벌 수 있는 기회인 것 같은데… 돈은 잘 쓰는 게 중요하지요. 그렇긴 해도 어떻게 번 돈인가도 중요한 건데…"라며 확답을 하지 못하는 형편이었다.

결정을 내리지 못하니 더욱 하나님 앞에 무릎을 꿇을 수밖에 없었다. 그러나 하나님의 응답도, 마음의 평안도 없이 중국 상인의 얼굴이 눈앞에서 어른거렸다. 그것을 하나님의 응답으로 확신한 최태섭 회장은 중국 상인을 만나 약속했던 물건을 넘겼다. 당연히 계약을 파기할 줄 알았던 중국 상인은 이익을 반씩 나누자고 제의했지만 최 회장은 그것마저 거절했다. 그랬더니 뜻밖의 일이 벌어졌다. 물건을 인수받고 돌아간 그 중국 상인이 최태섭이라는 조선 사람이 큰 이익을 볼 수 있는 기회를 포기하고 신용을 지켰다고 소문을 냈다. 중국 상공인회에서 회원들에게 공문을 발송할 정도였다. 그러니 최 회장의 사업이 성공하지 않을 수 없었다. 계약을 파기하고 얻을 수 있었던 이익보다 훨씬 많은 수익을 올렸다. 결국 최태섭 회장은 불의한 세상에서 정직한 비즈니스로 승리했다.

한국전쟁 중에는 군납 일을 하던 중 대출을 받아 단무지를 생산했는데 전세가 급변해 후퇴하게 되었다. 떠나기 전에 사업자금을 빌렸던 은행으로 찾아갔으나 은행은 이미 업무를 중단했고, 잔무를 처리하는 직원 한 사람만 남아 있었다. 그 직원은 은행 업무가 중단됐으니 대출금은 나중에 갚으라고 했다. 그러나 최 회장은 끝내 대출금을 갚았고 영수증을 받아두었다.

그 후 제주도로 피난 가서 육군 제1훈련소의 군납을 하게 되었는데, 고추장을 납품하던 중 훈련소에서 생선을 납품해 달라는 제의를 해왔다. 군인들의 식탁에 올릴 생선을 생각하면 원양에 나가 대규모로 고기를 잡아야 했기에 적어도 2억 원은 대출받아야 할 것 같았다. 그래서 부산에 피난 내려와 있던 거래 은행을 찾아가 2억 원의 대출을 받으러 왔다고 했다. 그러자 은행직원은 당연하다는 듯이 거절했다. 전쟁 중에 담보도 없이 2억 원의 대출을 해주기는 쉽지 않았을 테다. 그런 반응을 예상했기에 최 회장은 서울에서 피난 직전에 돈을 갚고 받아 둔 영수증을 보여주었다. 그 영수증을 전달받은 은행장이 깜짝 놀라며 반가워했다.

"바로 당신이었군요. 서울에서 내려온 직원을 통해 그 이야기를 들었습니다. 참 기적 같은 사람이 다 있다고 생각했습니다. 그분을 이렇게 만나다니 정말 반갑습니다. 돈을 빌려드려야지요. 당신 같은 사람에게 대출을 해주지 않으면 누구에게 해주겠습니까?"

은행장은 즉시 중역회의를 열어 2억 원의 대출을 결정했다. 담보가 없는 사정을 감안해 대출을 받은 후 구입할 배로 담보를 설정하는 방법까지 알려주었다. 최태섭 회장은 말한다. "하나님이 다시 시작한 사업에도 큰 복을 주시어 고기잡이는 순조로웠고, 은행에서 꾼 돈도 곧 갚을 수 있게 되었습니다. 사람들은 나를 보고 재수가 좋다는 식으로 말하지만 나는 하나님의 인도하심을 구했습니다. 정직과 신용으로 사업을 이끌라고 가르쳐주신 분은 바로 하나님이셨습니다"(최태섭 지음, 「사랑에 빚진 자 최태섭」, 아가페 펴냄, 43-48쪽, 74-79쪽).

몇 해 전 여름, 내가 속한 교단인 대한예수교장로회 총회학생지도부에서 주최한 대학청년컨퍼런스에 강의하러 갔던 적이 있다. 가이드북을 받아보니 나의 신학교 은사이시기도 한 총신대학교 신학대학원 이한수 교수님의 강의안을 보게 되었다. 이한수 교수님은 강의안 말미에 대학 시절 친구 한 사람을 소개했는데, 불의한 세상 속 크리스천의 정직함을 잘 보여주는 멋진 하나님의 사람이었다.

대학을 졸업한 뒤 이한수 교수님은 신학대학원에 들어가 목사의 길을 걸었고, 그 친구는 한국의 유명한 보험회사에 취업했다. 입사 후 60여 명의 신입사원을 환영하는 환영 회식이 열렸다. 흥겨운 회식자리에서 그 친구가 술도 안 마시자 불교 신자인 과장 한 사람이 "어이, 미스터 킴! 안주만 먹지 말고 노래 한 곡 불러봐"라고 주문을 했다. 그러자 그 친구는 복음 성가를 불렀다고 한다. 찬송 소리에 술 파티는 별안간 썰렁해졌고, 과장은 버럭 화를 냈다. "야, 이 친구야! 자네는 애당초 글러 먹었어! 우리 회사에 적응도 못할 놈이니 당장 때려치워!"

고함에 충격을 받고 술자리를 빠져나온 그는 곰곰이 생각했다. '회사도 하나님이 주신 일터인데 내가 하나님의 영광을 가리면 안 되겠구나!' 그는 과연 어떻게 하면 하나님의 영광을 드러낼 수 있을까 생각하며 기도하다가 별안간 마음속에서 '회사를 위해 누구보다 헌신적으로 희생하라'는 생각이 떠올랐다. 그때 그는 평생 회사를 위해 헌신하겠다는 결심했다. 회사와 연애하는 심정으로 헌신할 것, 평생 다른 사람보다 한 시간 먼저 출근하고 한 시간 늦게 퇴근할 것, 무엇보다 점심시간마다 매일 15

분씩 기도할 것 등을 그때 결정했다.

신입사원 시절을 보내면서 그는 영업이 가장 안 되는 영업소들을 자청해서 들어갔다. 불철주야 헌신하며 일한 결과 그가 맡은 영업소마다 영업 이익을 크게 늘리는 성과를 거두었다. 추석이나 명절 때 당직 때문에 고향에 내려가지 못하는 동료나 후배가 있으면 대신 당직을 서주기도 했다. 이런 헌신적인 생활을 통해 십여 명의 회사 동료들에게 복음을 전하여 결신하게 했다.

세월이 흘러 국장 진급을 하는 때가 되었다. 60여 명의 입사 동기 중 단 네 명만 진급대상에 선정되었는데 그 친구도 포함되어 있었다. 그런데 불행하게도 신입사원 환영회식 때 "자네, 당장 회사 때려치워!"라고 소리친 과장이 임원이 되어 승진심사자가 되어 있었다. 그런데 그 친구의 승진심사를 하면서 그 임원이 뜻밖의 말을 했다. "그 친구, 예수쟁이인 것이 하나 흠이긴 하지만 나머지는 KS마크야. 무조건 올려!" 그래서 그가 동기 중 가장 먼저 국장으로 승진했다.

하지만 국장으로 승진한 뒤에도 시련이 찾아왔다. 보험회사의 총무국장을 맡아 회사의 모든 살림을 담당했는데, 수십 군데가 넘는 업체를 관리했다. 그런데 회사에 물건을 납품하는 업체들이 뒤로 리베이트를 건네는 관행이 있었다. 그래서 총무국장에 앉자마자 예하 업체들에게 공문을 띄웠다. 앞으로 불법적으로 리베이트를 건네는 업체는 무조건 거래 관계를 끊는다는 내용이었다. 그런데 공문을 받은 업체들이 진의를 곡해했다. 신임 총무국장이 더 큰 돈을 요구하는 줄 알고 전보다 더 많은 뒷돈을 가져왔다. 집에까지 와서 선물을 주고 차 트렁크에 선물을 채워 넣기도 했다. 그래서 본보기로 몇 업체와 거래 관계를 끊었다. 그랬더니 업체 사장들이 와서 한 번 봐달라고 애걸복걸을 했고, 결국 각서를 받고 관계를 회복시켜주었다.

그렇게 해서 고질적인 리베이트 관행이 사라졌다. 그런데 이번에는 회사의 상사들이 오해하기 시작했다. 이전의 총무국장은 뒷돈을 챙겨서 윗사람들에게 상납을 잘했는데 더 이상 그런 일이 없자 신임 총무국장이 혼자 다 해 먹는다고 생각했다. 하도 자신을 흔들어대는 무리가 많아 어느 날부터 사직서를 써서 양복 안주머니에 넣고 다녔다. 만일 하나님을 택해야 하나 회사를 택해야 하나 갈림길에 서면 언제든지 회사를 그만두고 하나님 편에 서겠다고 작심을 했다.

그런데 어느 날 회장실에서 호출이 왔다. 그는 드디어 회사를 사직할 때가 되었다는 판단을 하면서 사직서를 품에 넣고 회장실로 갔다. 그곳에는 그룹 회장과 감사 한 사람이 앉아 있었다. 회장이 말문을 열었다. "총무국장, 자네에 대한 소문을 일찍부터 듣고 일 년 동안 줄곧 자네를 지켜보았네. 지금까지 해오던 방식대로 흔들림 없이 그대로 밀어붙이게"라고 말하는 게 아닌가! 사직서를 써서 갔는데 오히려 회장님게 인정을 받게 되었다.

이한수 교수님은 힘든 일터현장에서 하나님의 영광을 드러내고 직장 동료들에게 전도하는 삶을 살아가는 그 친구가 바로 참된 예수의 제자라는 생각을 했다고 강의안에 적었다. 야전군 전사처럼 세상에 겁 없이 뛰어들어 세상을 지배하는 악한 영들과 싸워 이기는 '영적 야성'이 필요하다고 힘주어 강조했다(제4회 총회 SCE 1929 대학청년컨퍼런스 가이드북, 62~65쪽 발췌).

● ● ● 스토리 메시지

불의한 세상에서도 정직하기 위해 노력하다 보면 하나님의 큰 은혜를 얻을 수 있다. 관행이나 부정한 방법이 아니라 뭔가 다른 대안을 제시하며 신선하고 창의적인 방식으로 일하여 인정받을 수도 있다. 정직한 방법으로 정도를 걸어야 크리스천다운 새로운 대안을 제시할 수 있다. 우리가 문제의식을 가지고 세상 속에서 하나님의 자녀다운 정직함과 온전함을 보여주겠다 결심하고 노력하면 일터의 분위기를 바꿀 수 있다. 하나님이 주시는 성공의 열매도 누릴 수 있다.

뇌물과 비리 관행을
돌파하기 위한 적극적 대안을

우리 사회에 너무나 만연해서 일상과도 같은 뇌물문제는 어떻게 대응해야 할까? 헤드헌터로 일하는 한 사람은 거래하는 회사의 인사담당자들에게 주는 뇌물이 업계의 관행이라 고민이 많다고 했다. 명절이나 특별한 시기가 되면 그저 '인사'로라도 선물을 건네는데, 크리스천으로서 다른 사람들처럼 주자니 꺼려지고 안 주자니 불안했다. 어떻게 뇌물과 리베이트의 관행 속에서 크리스천다운 대안을 제시할 수 있을까?

뇌물문제가 옛날에도 얼마나 심각했는지 구약성경에서도 이미 여러 차례 뇌물에 대한 경고를 하고 있다(출 18:21, 신 27:25, 시

15:5, 암 5:12). 동서고금을 막론하고 사람이 있는 곳에는 늘 뇌물이 존재해왔다. 그런데 '뇌물'을 '선물'과 구분하는 것 자체가 힘들다. 마음이 담긴 선물과 뇌물을 어떻게 구분할 수 있는가? 내가 하면 선물이고 남이 하면 뇌물이라는 편리한(?) 구분은 제외하고, 먼저 주면 뇌물이고 나중에 주면 선물이라고 규정하기도 한다. 하지만 일이 끝난 뒤에 주면서도 다음번 일을 염두에 둔다면 뇌물이 될 수 있다. 부정청탁방지법으로 인해 요즘에는 금액을 한정하기도 하지만 상대적일 수 있다. 우리 문화권에서는 뇌물인 것이 다른 문화권에서는 선물일 수도 있다.

이렇게 뇌물과 선물의 구분이 쉽지는 않은데 가장 손쉽게 생각할 수 있는 뇌물의 정의는 있다. 그것을 주거나 받고 밤에 잠을 이루지 못한다거나, 혹시 그 사실이 알려져 언론에 보도되면 곤란하다고 느껴지는 것은 뇌물이 틀림없다. 당연히 당사자가 가장 잘 안다. 그래서 미국의 한 기업은 "언론에 보도된다면 거리끼지 않는가?"라는 명제로 뇌물을 규정한다.

뇌물문제에 대해 문제의식을 가지고 노력하면 얼마든지 고칠 방법은 있다. 전에 나의 모교회의 후배가 운영하는 자동차 정비소에 갔다가 중고등부 시절에 주일학교를 함께 다니던 또 다른 후배를 우연히 만났다. 그 후배는 찜질방이나 피트니스클럽, 컨트리클럽 같은 곳에서 사용하는 수건이나 운동복 등을 세탁해주는 세탁공장을 경영하고 있었다. 직원이 많지 않아서 영업도 사장인 그 후배가 직접 했다. 방문하는 업체 중 규모가 있는 업체는 중간관리자가 일종의 리베이트를 요구하는 경우가 많다고 한다. 물건을 납품하게 해주겠으니 한 달 매출의 10% 혹은 15%를 자기의 계좌로 입금해야 한다는 조건을 내건다고 했다.

나의 후배는 크리스천으로서 그렇게 일할 수 없다고 하기에 그러면 어떻게 영업을 하는지 궁금했다. 특별한 비법이 있는 것이 아니라 발품을 팔면서 무수하게 돌아다닌다고 했다. 그러다 보면 마침 거래하던 세탁업체가 마음에 들지 않아 업체를 바꾸려는 새로운 거래처를 간혹 만날 수 있다고 했다. 규모가 크더라도 주인이 직접 재정문제를 챙기는 업체나 주로 중간관리자가 없는 작은 업체를 찾아다니며 그렇게 '발품 영업'을 한다는 것이다. 리베이트를 주면 단가를 높게 계산해주니 편하게 거래할 수 있는데, 제대로 크리스천답게 일하려고 하니 몸이 힘들고 일이 어려워진다. 그런데 얼마나 떳떳하고 멋진가? 나는 후배가 자랑스러웠다. 그렇게 해서 제대로 공장을 경영해 나갈 수 있을까 걱정도 되지만 우직하게 걸어가는 걸음은 크리스천다운 대안의 길이라고 칭찬해주고 싶다.

크리스천 기업인 한 회사에서는 뇌물에 대해 구체적 전략을 가지고 대응해왔다. 손해를 감수하고 강하게 나가는 방법이 그

중 하나이다. 회사의 대표가 기업활동을 하는 남다른 포부와 뇌물을 줄 수 없는 이유를 적은 장문의 손편지를 담당자에게 보내기도 했다. 또한 관청의 까다로운 요구대로 다 해내서 손해를 감수하기도 했다. 그렇게 하다 보니 당장은 손해가 나는 것 같았다. 그런데 결국은 정직한 기업으로 인정받을 수 있었다고 한다. 때로 이렇게 강하게 나가는 것도 우리 크리스천만이 보여줄 수 있는 멋진 대안이다.

우리는 일을 하면서 이런 뇌물수수의 죄에 빠지지 않기 위해 대안을 찾는 노력을 적극적으로 해야 한다. 신문 보도를 보니 유명한 다국적기업들이 개발도상국에서 뇌물을 거절한 사례가 있다. 제3세계 국가에서 관행적인 뇌물수수가 있었다고 한다. 뇌물을 주는 대신에 마을의 과일나무 심기 프로젝트를 시행했다. 그리고 뇌물을 요구하는 소방공무원의 자녀에게 장학금을 지급하는 대안을 모색하기도 했다. 이런 사례를 제시한 대한상공회의소의 보고서는 최소한 UN이나 OECD 같은 국제기구가 제시하는 윤리규범을 준수해야 한다고 제안했다. 그렇다면 우리 크리스천들이야말로 더욱 당연하게 이런 뇌물문제에 대해 고민하고 기도하면서 대안을 찾아야 하지 않겠는가?

뇌물을 주는 것과 받는 것, 다 잘못이지만 특히 뇌물을 받는 입장에 있다면 거절하는 방법을 제대로 배울 필요가 있다. 김동호 목사님의 설교에서 들은 이야기인데 뇌물을 제대로 거절하려면 시뮬레이션을 통해 연습해야 한다. 뇌물을 가져오는 사람이 있다면 먼저 정중한 태도로 거절해야 한다. 그 사람에게 화를 내면 상대방은 돈이 적어서 그런 태도를 보인다고 생각한다니 조심해야 한다. 뭔가 안 되는 일을 되게 하려고 손을 쓰는 것이 뇌물이기에 뇌물을 주는 사람에게도 두려움이 있다. 일단 그 사람을 안심시키면서 정중한 태도로 뇌물을 거절한 후에 꼭 첨언해야 할 말이 있다. 자신이 크리스천이기에 뇌물을 받을 수 없다고 하면서 그 일에 대해 공정하게 처리하겠다는 이야기를 해주어야 한다.

전에 내가 한 유통회사에 예배 인도를 하러 갔다가 예배 후 차를 마시면서 지점장과 대화하며 들은 이야기이다. 시청에 가서 매장 증축허가를 받으려고 노력했지만 사소한 트집을 잡으면서 허가를 보류하는 민원담당 직원 때문에 고생했다고 한다. 수정하여 새로 마련해오라는 서류를 가지고 두 번째 갔는데도 또 문제가 있다고 했다. 지난번에 하지 않은 말을 새롭게 하는 것을 보고는 느낌이 왔다. '인사'를 해야 하는 것을 모르지 않았다. 그런데 그렇게 할 수 없었다. 크리스천으로서 세상의 방법으로 일하고 싶지 않아서 정말 간절히 기도했다.

세 번째 찾아가도 서류에 하자가 있다고 하니 너무 화가 나고 답답했다. 점심이라도 한 번 사야 하나 고민하면서 꾹 참고 계속 이야기를 하는데 그 직원이 갑자기 자기의 군대 시절 이야기를 했다. 그런데 마침 지점장이 다녀온 군대와 같았다. 특별한 군대인 그곳에서 복무한 사실을 확인하고 기수를 따져 선후배 관계를 알아보았다. 그랬더니 그 지점장이 시청의 민원담당 직원보다 한참 선배였다. 직원이 금방 태도를 바꾸어 거의 형님 대접을 하고, 결국 그 허가 관련 문제도 해결할 수 있었다고 했다.

그 이야기를 들으며 나는 목사의 입장에서 그 지점장이 너무나 고마웠다. 그렇게 크리스천답게 일하기 위해 고민한 것은 남들 하는 대로 세상의 방법을 따르지 않고 하나님의 뜻을 찾았기 때문이 아닌가? 물론 관청에서 허가를 낼 때 그렇게 연(緣)을 찾아 일하는 방법은 옳지 못하다. 그런 잘못된 일의 방법을 옹호하려는 뜻이 아니다. 그러나 다른 사람들이 흔히 하듯이 그저 적당히 처리하지 않고 크리스천의 가치를 보여주려고 고민하며 기도하다 보니 하나님이 그런 방법으로 그 형제의 문제를 해결해주셨다고 생각한다. 민원인을 상대로 이야기하며 뭔가 뇌물을 바라던 공무원이 자기가 군대에 갔다 온 이야기를 왜 하겠는가?

내가 지점장에게 군대에 대해 그 직원에게 먼저 물어봤느냐고 질문하자 먼저 물어보지 않았다고 했다. 그러니 이것은 하나님께서 이 형제의 고민과 기도를 듣고 삶 속에서 말씀해주시고 방향을 일러주신 인도하심이 분명하다. 물론 이런 방법이 늘 최선이라고 할 수는 없다. 하지만 차선의 해결방법일 수는 있다. 최선을 다할 수 없다고 쉽게 포기하지 말아야 한다. 우리의 일터 현장에는 최악을 피하기 위해 차악을 택하는 안타까운 선택을 해야 하는 순간도 종종 있다. 물론 그런 결정으로 인한 부작용에 대해서는 내가 책임지겠다는 자세가 필요하다. 그야말로 고육지책을 통해서도 우리는 하나님의 영광을 세상에 드러낼 수 있다는 점을 기억해야 한다.

· · · 스토리 메시지

우리 크리스천들은 어떤 상황에서나 정직을 실천할 대안(代案)을 찾아야 한다. 이것은 세상에서 일하며 사는 우리 크리스천들이 세상 사람들의 방법이 아닌 우리만의 방식으로 일하는 지혜이기도 하고, 또한 그들의 방법과는 전혀 다르게 맞상대하는 일종의 영적 전투이기도 하다. 문제는 이렇게 고민하기를 마다하지 않는 자세이다. 그저 쉽게 남들이 하는 대로 하지 않고 노력하다 보면 하나님이 지혜와 피할 길을 주신다(고전 10:13 참조). 하나님은 나의 고민에 대해서도 분명히 해답을 주신다는 확신을 가지며 뇌물과 비리문제와 같은 힘들고 어려운 문제에 대해서도 크리스천다울 수 있도록 노력하자.

열정으로 포장한
탐욕을 포기하라

일하는 사람들이 성과를 달성하기 위해 노력하는 모습은 당연하고도 아름답다. 그런 목표의식이나 열정이 없다면 오히려 문제이다. 그런데 목표를 이루는 과정은 어때야 하는가? 과정은 관계없이 그저 목표만 달성하면 되는가? 다윗이 왕이 된 후 압살롬의 반정 때 겪었던 한 사건은 일에 있어서 목표 달성보다 중요한 것이 무엇인지 분명하게 가르쳐주고 있다.

왕정의 역사 속에는 빠지지 않고 등장하는 '왕자의 난'을 다윗 왕도 겪었다. 아들 압살롬이 아버지 다윗 왕을 반역했다. 몽진

(蒙塵)을 떠났다가 위기를 극복하고 전세를 역전시킨 다윗 왕 측은 기세가 올랐고, 압살롬 측 군대와 일전을 앞두고 있었다. 출전에 앞서서 다윗 왕은 장병들에게 압살롬을 죽이지는 말라고 간곡하게 부탁했다. 그런데 전투 과정에서 압살롬이 죽었고, 다윗 왕 측의 승리로 끝났다. 평소 다윗과 갈등관계였던 요압 장군이 왕의 명을 어기고 압살롬을 찔러 죽였다.

그때 아히마아스가 승전의 소식을 왕에게 전하려고 자원했다. 그는 사독 제사장의 아들이었는데, 다윗 왕이 몽진을 떠나면서 사독과 아비아달 두 제사장을 남겨 하나님의 궤를 지키게 할 때 전령의 역할을 맡겼던 사람이다. 승전 소식을 전하는 일을 처음 하는 것은 아니었고 나름대로 이전에도 다윗 왕을 위해 승전 소식을 전해 인정을 받고 있었다. 아히마아스는 이번에도 전쟁에서 이긴 소식을 가장 빨리 전하여 공을 세우려는 마음이 생겼다. 그래서 승리의 소식을 왕에게 알리는 메신저가 되겠다고 자청했다.

그러나 지휘관 요압이 말렸다. 아들의 전사 소식을 들은 다윗 왕이 기뻐하지 않을 것이니 가지 말라고 말렸다. 대신 요압은 구스 출신의 한 병사를 전령으로 보냈다. 그러나 아히마아스는 고집을 피우고 다시 요압 장군에게 사정했다. 자기도 가게 해달라고 졸랐고, 요압이 다시 말렸으나 거듭 사정했다. 그러자 요압 장군이 마지못해 허락했다. 윗사람이 말려도 아랫사람이 민망하도록 고집을 부리면 윗사람이 체념하듯이 허락하는 상황이다.

요압 장군의 마지못한 허락을 받아낸 아히마아스는 요단 계곡을 가로지르는 험하지만 가까운 지름길로 달렸다. 그래서 달리기를 잘했던 구스인 전령보다 먼저 다윗 왕에게 도착했다. 아히마아스가 다윗 왕에게 아뢰었다. "왕의 하나님 여호와를 찬양하리로소이다. 그의 손을 들어 내 주 왕을 대적하는 자들을 넘겨주셨나이다"(삼하 18:28). 승전보였다. 그러나 다윗 왕은 다급하게 물었다. "젊은 압살롬은 잘 있느냐"(삼하 18:29). 다윗왕의 더 중요한 관심사는 아들의 생사였다. 피를 부른 권력 다툼 앞에서도 정말 감동적인, 지독하다고 말할 수밖에 없는 아버지의 사랑이었다. 이때 아히마아스는 이렇게 대답했다. 아마도 달려오면서 여러 차례 혼잣말로 연습했을 듯하다. "요압이 왕의 종 나를 보낼 때에 크게 소동하는 것을 보았사오나 무슨 일인지 알지 못하였나이다"(삼하 18:29).

뒤이어 구스 전령이 도착했고, 그는 보고했다. "내 주 왕께 아뢸 소식이 있나이다. 여호와께서 오늘 왕을 대적하던 모든 원수를 갚으셨나이다"(삼하 18:31). 왕이 구스 사람에게 물었다. "젊은 압살롬은 잘 있느냐?"(삼하 18:32). 구스 사람이 대답했다. "내 주 왕의 원수와 일어나서 왕을 대적하는 자들은 다 그 청년과 같이 되기를 원하나이다"(삼하 18:32).

구스 전령이 사실대로 보고한 압살롬의 전사 소식을 듣고 다윗 왕은 마음이 찢어질 듯 아파서 성문 누각에 올라가 울었다. "내 아들 압살롬아 내 아들 내 아들 압살롬아 차라리 내가 너를 대신하여 죽었더면, 압살롬 내 아들아 내 아들아"(삼하 18:33). 왕의 울부짖는 소리를 들은 백성들은 역도들과 맞서는 전쟁으로 몸과 마음고생이 심했음에도 승전보를 들은 그날에 오히려 슬퍼해야 할 지경이었다.

아히마아스에게는 열정이 있었다. 상을 받겠다는 목표의식이 있었다. 전쟁이 끝나 다들 쉬고 있는데 그 소식을 알리러 '마라톤'을 하겠다는 희생정신도 있었다. 그것은 좋았다. 일하는 사람들에게는 이런 열정이 있어야 한다. 이런 동기부여가 성장을 가능하게 한다. 윗사람이 말려도 다시 졸라서 기회를 얻는 끈질긴 근성을 아히마아스는 가지고 있었다. 아울러 아히마아스는 열정에 부합하는 탁월한 능력도 가지고 있었다. 늦게 출발했어도 앞서는 방법을 그는 알고 있었다. 이방인이었던 구스 사람보다 지역 상황에 밝았기 때문이다. 그래서 계곡 길을 뛰어서 먼저 출발한 전령을 앞질렀다.

홈그라운드의 이점을 살렸지만 그것은 분명한 능력이다. 이렇게 아히마아스에게는 열정과 능력이 있었다. 그러나 이런 열정의 사람 아히마아스에게 한 가지 부족한 것이 있었다. 아히마아스에게는 정직함이 없었다. 그는 거짓말을 했다. 말을 하지 않았으니 거짓말하지는 않은 것이라고 항변했을지도 모른다.

그러나 왕이 묻는 내용을 알고 있으면서도 말하지 않았기에 그것은 분명한 거짓이었다. 보고해야 할 것을 보고하지 않는 것도 거짓이다. 왕이 재차 물었는데 알고 있는 것을 말하지 않은 심각한 거짓말이었다.

아히마아스는 과연 왜 이런 일을 저질렀을까? 그는 자신의 좋은 평판을 유지하고 싶었다. 아히마아스는 '좋은 사람' '좋은 소식을 가져오는 사람'이라고 평가받는 사람이었다. 승전의 소식을 빨리 전해서 상을 받고 싶었다. 예전에 칭찬받은 대로 그동안 자신이 유지해오던 명성을 계속 유지하고 싶었다. 계속 성공하고 싶었다. 그런데 조금만 생각을 달리했으면 어땠을까? "좋은 소식도 있고 안 좋은 소식도 있다"면서 사실대로 이야기하면 되지 않았을까? 서양 사람들이 자주 말하는 '좋은 뉴스와 나쁜 뉴스'를 보고하면 왜 상 받을 일이 아니라고 생각했을까? 메신저가 전하는 메시지에 대한 책임도 지는가? 말도 안 되는 착각이 아닐 수 없고, 일의 표피만을 보고 본질을 몰랐던 어리석음이다. 아히마아스는 열정이 지나친 욕심으로 인해 이렇게 어리석고도 심각한 거짓말을 했다. 평판을 유지하고 싶었던 욕심이 결국 문제였다.

결국 무리하게 거짓말을 했던 아히마아스는 나중에 여러 사람 앞에서 면목 없었다. 먼저 그 모든 과정을 다 알고 있는 구스인 전령 앞에서 얼굴을 들 수 없었다. 얼마나 창피한 일인가? 만약 아히마아스가 좋은 소식을 전했다고 그 외국인 용병보다 더 큰 상을 받았다면 어떤 기분이었을까? 또한 상사인 요압 장군 앞에서는 어땠겠는가? 다음에 또 전령으로 나서겠다고 고집을 부릴 수 있었을까? 아버지이자 제사장인 사독 앞에서 얼굴을 들 수 있었을까? 아버지의 이름에 먹칠을 했다. 설령 다윗 왕은 알아채지 못했다 해도 그 주변 사람들은 다 아는 상황이니 얼마나 두고두고 창피했을지 생각해보라. 이렇게 거짓말은 그 사람의 커리어에 커다란 오점을 남긴다는 사실을 꼭 기억해야 한다.

• • • 스토리 메시지

우리는 열정을 가지고 능력을 발휘하기 위해 노력해야 한다. 그런데 그 목표를 이루기 위해 거짓말과 거짓 행동을 한다면 목표를 이룬다고 해도 더욱 문제가 된다. 열정을 가진 사람이 정직하다면 그보다 좋은 일이 없다. 정직하게 비즈니스 하는 방법을 계발하여 거짓말을 하지 않고도 일할 수 있다는 사실을 보여주어야 한다. 그래서 "적당한 거짓말도 능력이라"고 떠버리는 거짓말쟁이들의 코를 납작하게 해줄 수 있어야 한다. 정직한 열정이 우리 자신과 우리 일터의 사람들을 행복하게 만든다.

C·H·A·P·T·E·R·06

일하기 싫을 때 지금 하는 일을
-------------------- 가만히 살펴본다면…

어느 교회 청년부에서 강의를 마친 후에 한 형제가 돌발질문을
했다.

"열심히 살아야 하고 주께 하듯 일해야 하는 것은 알겠는데, 정
말 일하기 싫을 때, 때려죽여도 출근하기 싫을 때는 어떻게 해
야 합니까?"

보통 교회 강의시간에 질문자들이 이런 식의 질문은 하지 않는
다. 질문과 함께 폭소가 터졌다. 나는 어떻게 답해야 할까 고민
할 겨를도 없이 순발력을 발휘했다.

"그렇게 일하기 싫으면 그만둬야지요. 한번 쉬어봐야지요."

또 한번 웃음바다가 되고, 우리 모두는 그저 서로를 바라보며 공감했다. 질문한 형제는 나에게 '엄지 척'을 날렸고, 나는 '손가락 하트'를 보내며 가장 짧은 질문과 대답을 마무리했다.

일하는 사람이라면 때려죽여도 출근하기 싫다는 말이 무슨 말인지 잘 알 것이다. 직장생활 경력이 많을수록 출근하기 싫은 날도 늘어난다. 정말 너무 힘들 때는 그야말로 탈진한 것이니 쉬어보는 방법이 탁월한 선택이다. 지금 하고 있는 나의 일에 대해서 생각해보는 기회를 가져보면 기분과 생각의 전환을 모색할 수 있다. 문제는 반복적으로 하는 나의 일에 권태를 느끼는 것인데, 가만히 생각해보면 내가 하는 일이란 똑같은 일이 아닐 수 있다.

전에 우리 직장사역연구소에서 하는 워크숍에 터널 설계를 전문으로 하는 회사에서 일하는 자매님 한 분이 참석했다. 잠시 이야기를 나누면서 궁금하기도 해서 질문했다.

"터널 설계는 비슷비슷해서 이 터널을 설계하면 다음 터널 설계하는 것이 쉽겠어요?"

하지만 터널 설계를 할 때 100미터도 같은 구간이 없다는 대답이 돌아왔다. 터널의 보이는 부분만 설계하는 게 아니고, 산을 뚫어야 하는 지형과 암반, 수맥 등 구조가 다 다를 것이니 어떤 설계도 같을 수가 없다는 뜻이었다. 우리가 하는 일도 가만히 보면 늘 똑같은 일이 아니다.

해롤드 래미스 감독의 영화 〈사랑의 블랙홀〉(Groundhog Day, 1993)은 "나는 왜 이리 매일 같은 일만 반복하며 살아야 하나?"라고 푸념해본 경험이 있는 사람들에게 좋은 메시지를 주는 영화이다. TV방송국의 기상 캐스터인 필은 7년째 해마다 2월 2일이면 성촉절(聖燭節, Candlemas) 취재를 하러 펜실베이니아 주의 소도시인 펑수타니까지 가야 하는 일이 못마땅했다. 두더지에게 "그림자를 봤냐?"고 물어서 봤다고 하면 여섯 주 뒤에나 겨울이 끝나고, 못 봤다고 하면 봄이 가까이 왔다고 하는 미신 같은 일을 방송하기도 너무 따분했다.

하지만 그해 2월 2일에도 취재 장소로 가서 방송을 했다. 필은 그저 대충 방송을 마치고 서둘러 돌아가려고 했다. 그런데 눈이 많이 내려서 마을을 떠날 수가 없었다. 꼼짝없이 하루를 더 묵어야 했는데 문제가 생겼다. 다음 날 아침에도 똑같이 여섯 시에 라디오 시계가 울렸다. 문을 나서자 만나는 걸인과 고등학교 동창인 보험 영업사원도 똑같았다. 물웅덩이에 발이 빠지는 것도 똑같고, 공원에 가니 어제처럼 성촉절 축제를 하고 있었다.

그렇게 지겨운 날이 계속 반복된다. 그다음 날도 마찬가지였다. 그러자 필은 만나는 사람들에게 짜증을 내고, 방송을 엉망으로 내보내기도 하며, 술을 마시고 푸념하기도 한다. 반복되는 날이 계속되면서 그 도시에 있는 사람들이 하는 일을 다 외우기도

하여 현금 호송차에서 돈을 도둑질하기도 한다. 하도 화가 나서 아침마다 라디오 시계를 부수기도 하고, 봄을 알려준다는 두더지 호송차를 납치해 달아나기도 하고, 자살을 시도하기도 한다. 하지만 언제나 잠에서 깨어보면 그날, 2월 2일 아침이었다.

그 와중에 필은 평소에 관심이 있었던 PD 리타를 사랑하게 된다. 그런데 그 지루한 날이 학습효과를 가져다주었다. 수없이 뺨을 맞다가 드디어 진정으로 한 사람을 사랑하는 것이 무엇인지 깨달았다. 조건이나 보상을 바라는 게 아니라 마음을 다해 사랑하는 것이 무엇인지 깨닫고 리타에게 진심으로 사랑을 고백한다. 그러자 세상의 주인인 듯 교만하던 필이 겸손해졌다.

바로 이 사랑이 필의 지겨운 삶에 변화를 가져왔다. 사랑을 고백하니 필이 사람을 대하는 태도가 달라졌다. 그래서 지겹게 만나는 사람들에게도 반갑게 인사하고, 피아노를 열심히 배워서 훌륭하게 재즈곡을 연주한다. 매일 만나는 걸인에게도 찾아가서 인사하고, 죽어가는 그에게 인공호흡을 시도하며 결국 따뜻하게 떠나보낸다. 보험중개인 동창생에게는 보험을 전부 들어주고, 아이가 나무에서 떨어질 때 시간 맞추어 가서 구해준다. 할머니들이 탄 차의 펑크 난 타이어를 수리해주기도 하고, 음식이 목에 걸린 응급환자도 처치하여 살려낸다.

중요한 변화는 성촉절 아침 기상예보를 하는 필의 멘트였다.

"안톤 체홉은 추운 겨울을 절망의 계절로 묘사했지만 겨울도 인생의 한 부분입니다. 지금 이곳 펑수타니 시민들과 함께 봄을 기다리는 제 마음은 그 어느 때보다도 따뜻하고 행복합니다."

이렇게 달라진 필이 사랑하는 여인 리타에게 고백한다.

"내일이 어떻게 되든 난 오늘 행복하오."

성경 구절이 떠오른다. "그러므로 내일 일을 위하여 염려하지 말라. 내일 일은 내일이 염려할 것이요 한 날의 괴로움은 그날로 족하니라"(마 6:34). 필은 그야말로 일상의 시간인 '크로노스'에서 하나님의 뜻과 섭리가 담긴 결단의 시간인 '카이로스'를 경험한 셈이다. 오늘과 내일에 대한 고백이 가능하게 하는 단서인 "그런즉 너희는 먼저 그의 나라와 그의 의를 구하라. 그리하면 이 모든 것을 너희에게 더하시리라"(마 6:33)는 구절도 생각난다. 우리 크리스천들에게는 필의 깨달음이 바로 이런 우리 인생의 전제에 대한 수긍으로 이해된다.

필이 하루의 일상에 감사하면서 일하는 자세를 바꾸자 드디어 내일이 왔다. 아침에 눈을 떠 창문을 여니 아름다운 눈이 펑수타니 거리를 온통 뒤덮었다. 그렇게도 고대하던 날, 2월 3일이 되었다. 기나긴 하루가 그렇게 끝났다. 그런데 이 영화 속의 필이 펑수타니에서 보낸 날은 며칠이나 될까? 영화 속에서는 서른 몇 날인데, 한 인터넷 사이트에서 계산한 것을 보니 무려 33년 358일 320분이었다! 필이 카드를 그릇에 던져 넣는 일을 6개월 간 연습해서 원하는 대로 집어넣고, 재즈 피아노 연주를 수준급으로 하고, 얼음 조각 만드는 일을 능숙하게 하는 모습을 보면 그렇게 오래되었다는 생각이 든다. 이 34년쯤 되는 시간은 우리 직업인들이 평생 일하는 시간과 비슷하지 않은가? 젊은 날 취업해서 정년퇴직을 하면 이만한 기간을 일하곤 한다. 오늘 우리는 우리에게 주어진 시간, 권태롭게 반복하는 듯한 날에 대한 의미를 되새겨야 한다.

스티븐 코비 박사가 딸 마리아와 나누었던 대화를 자기의 책에서 소개한다. 마리아가 셋째 아이를 낳고 양육하다가 아버지인 코비 박사를 만나 속상함을 토로했다. 자신은 아이를 정말 사랑하지만 아이가 자신의 모든 시간을 빼앗아가고 있다고 하소연했다. 아이 때문에 아무것도 할 수 없다고 안타까워했다. 이야기를 듣고 있던 코비 박사가 딸에게 이렇게 말했다.

"마리아, 그냥 마음을 편히 가져. 편안한 마음으로 새로 태어난 아기와 즐겁게 지내. 네가 엄마가 돼서 기쁘다는 걸 아이도 느끼도록 해줘. 아무도 너만큼 이 아이를 사랑하고 보살필 수는 없을 거야. 지금으로서는 너한테 이 일만큼 소중한 게 달리 없어."

코비 박사는 사랑하는 딸에게 지금 딸의 인생에서는 아기가 가장 소중하다면서 내면의 나침반을 따르라고 했다. 벽에 걸린 시계는 신경 쓰지 말라고 적절한 충고를 했다(「소중한 것을 먼저 하

라」, 김영사 펴냄, 21-22쪽). 이 이야기는 현재 하는 일, 일상의 중요
성을 강조하기도 하지만 오늘 나를 향한 하나님의 뜻과 계획에
우리가 수긍해야 함도 알려준다. 오늘 내가 하는 일에 하나님이
부여하신 의미가 분명히 있다는 사실을 우리는 기억해야 한다.

· · · 스토리 메시지

구약성경 룻기의 마지막 부분은 다윗의 탄생을 알리면
서 마친다(룻 4:22). 메시아의 조상인 다윗이 룻이라는 여인을 통해
태어남을 강조한다. 이것은 그야말로 기적이라고 할 수 있다. 그런
데 룻기의 위대한 구원의 역사는 룻과 시어머니인 나오미, 남편이
되는 보아스의 평범한 일상이 출발점이었다. 중요한 사실은 룻이
일상을 팽개치고 기적만 바라지 않았다는 점이다. 하나님의 은혜와
섭리가 분명했지만 룻은 그저 주어진 일상을 묵묵하게 살아갔고,
우리는 룻기에서 평범한 일상생활 속에서 나타나는 비범한 하나님
의 섭리와 계획을 배울 수 있다. 오늘 우리의 권태로운 한 날, 힘겹
지만 하루하루 이어가는 일상에도 이런 귀중함이 담겨 있다.

돈벌이가 아닌 '사람 사랑'이라는
가치를 선택하라

요즘처럼 먹방과 쿡방이 인기 있을 때도 아니고 집밥의 인기가 높던 때도 아니었는데, 어느 토요일 아침에 모처럼 칼을 들고 요리를 시작했다. 무를 얇게 썰다가 부엌칼이 튀었다. 왼쪽 약지 손가락 끝부분이 잘려 너덜거리고 손톱도 조금 잘렸다. 솟는 피를 눌러 대충 수습하고 늦잠 자던 아들을 깨워 근처의 정형외과에 갔는데, 두 시간 기다려야 한다고 했다. 그래서 멀지 않은 동국대학교 일산병원 응급실로 차를 운전해서 갔다. 절차를 밟느라 걸린 시간을 따지면 두 시간 기다린 것과 비슷했는데, 레지던트 수련의로 보이는 의사가 병실 당직 근무를 하다가 내려

와서 봉합수술을 해주었다.

손가락을 다쳤지 입이 아프지는 않아서 이런저런 이야기를 나눴다. 당시 대학에 막 입학한 아들 덕에 얻은 입시정보에 대해서도 이야기하며 주로 내가 질문을 하고 의사는 답을 했다. 나는 공부 잘하는 입시생들은 전국 40여 개 의과대학에 차례로 입학하고, 그 후에 서울대학교 공대에 간다는 것을 처음 알았다고 말했다. 그러자 의사는 10년 전에도 그랬는데 아직도 그러느냐고 물었다. 나는 뜬금없이 질문했다.

"성적이 그렇게 중요한가요? 생명을 다루는 의사에게 가장 중요한 가치는 뭐라고 생각하세요?"

의사는 주저하지 않고 곧바로 대답해줬는데, 나는 그의 말에 은혜를 받았다.

"환자를 돈벌이 수단으로 생각하지 않는 거죠. 사람을 사랑하는 마음과 행동이지요!"

지금도 손끝이 가끔 아릴 때면 그 젊은 의사 선생님이 기억난다. 사람 사랑의 가치는 세상 속 그리스도인들이 직업의 의미를 생각하기에 참 좋은 기준이다. 우리나라에 서양의학이 들어온 후 의사들 중에서 이런 중요한 선택을 했던 이야기를 살펴보자.

연세대학교 의과대학의 전신인 세브란스 의학교가 1908년 7월에 첫 졸업식을 했다. 일곱 명의 졸업생을 배출했는데, 의료 선교사 에비슨(O. R. Avison, 1860-1956)이 주된 역할을 했다.

미국 북장로교 선교사였던 에비슨은 1892년에 내한해서 세브란스 병원장도 지내고 의학교장도 역임했다. 에비슨은 자신이 가르친 학생들이 졸업하기 전날 졸업생들을 위한 간소한 송별회를 가졌다. 그 자리에서 이렇게 말했다.

"내가 의학을 가르치기 시작할 때는 젊은 사람들을 모집했습니다. 이제 장기간의 교육을 마친 여러분은 개업을 해서 잘살 수 있게 되었습니다. 그러나 나의 희망은 여러분 중에 몇 사람은 다시 돌아와서 우리가 이룩하고자 하는 의학교에서 선생이 되어주기를 바랍니다. 심사숙고해서 결심한 것을 내일 아침까지 나에게 알려주십시오."

그 일곱 명의 의학교 졸업생들이 어떤 결론을 내렸을까? 일곱 명 전원이 조금도 주저하지 않고 에비슨을 도와 의학교에서 일하겠다고 약속했다. 에비슨은 감동하면서 이렇게 말했다.

"나는 당신들에게 공부를 시켜서 그저 의사를 양성한 것으로만 알았는데, 이제 보니 자기 민족을 위하여 일하고자 하는 기독교 정신을 가진 의사들을 육성한 것을 깨달았습니다"(편집부 엮음, 「한국교회를 이끌어온 1,562 영성 이야기」, 기독교문사 펴냄, 52~53쪽). 110여 년 전 우리나라의 1기 양의사들이 이런 멋진 선택을 했다. 돈만 추구한 것이 아니라 사람 사랑의 가치를 기독교 정신으로 추구했던 것을 알 수 있다. 또 한 가지 이야기는 '미네소타 프로젝트'에 관한 것이다.

몇 년 전 운전을 하고 가다가 라디오 방송에서 '미네소타 프로젝트'라는 생소한 이야기가 흘러나왔다. 미국 미네소타대학교에서 서울대학교에 의료 지원을 했고, 그에 대해 서울대학교가 의료 발전이 더딘 나라들에 의료 혜택을 갚아주는 역할을 한다는 내용이었다. 라디오 방송이라서 간단히 메모한 후에 인터넷에서 자료를 찾아보았다.

오늘날 우리 한국의 의료 수준은 위암 치료나 신장 이식 같은 몇몇 분야에서는 세계 최고라는 평가를 받는다고 한다. 이런 한국 의료계의 비약적인 발전 뒤에는 60여 년 전의 '미네소타 프로젝트'(Minnesota Project)라는 성공적인 지원사업이 큰 역할을 했다고 평가한다. 이 프로젝트는 서울대학교 의과대학의 전문 인력을 미국 미네소타대학교로 데려가 연수를 시켜주는 사업이었다. 1955년에 첫 번째 미국 연수가 있었는데, 77명의 서울대학교 의과대학 교수진이 미네소타대학에 가서 짧으면 4개월, 길면 4년간 의료연수를 받으면서 교육을 받았다. 그래서 1961년까지 7년 동안 총 226명의 서울의대 교수요원들이 미국 연수를 받았다. 그리고 총 59명의 미네소타대학 자문관들이 한국에 상주하면서 의과대학 교육체계 전반을 자문했다.

라디오 방송을 들으니 77명의 초기에 도미한 교수진 중에서 4명을 제외하고 73명은 한국으로 돌아왔다고 한다. 이 비율은 비슷한 다른 나라를 대상으로 한 지원 프로젝트와 비교하면 대단히 높은 비율이었다. 인도와 다른 몇 나라들은 수십 명의 의사가 미국으로 건너와서 연수를 받은 후 대다수가 미국에 남고 몇 명만 본국으로 돌아가서 실패한 사례가 많았다. 당시 한국으로 돌아온 73명의 교수요원들은 만약 미국에 머무르면 받을 수 있는 몇 배의 보수와 근무 여건 등의 호조건을 포기했다. 조국의 의료 발전을 위한 열정으로 돌아왔다. 그들이 우리나라의 의료 발전에 크게 기여했다는 이야기다.

당시 우리나라의 의료 상황이 얼마나 어려웠는지 말도 못할 정도였다. 1957년 당시 서울대병원 외과학 교실에 재직 중이던 서른여섯 살의 이영균 교수는 갑자기 미네소타대학 행을 명령받고는 미국에 도착해 1주일간 영어회화 교육을 받고 곧바로 병원으로 가서 첫날부터 야간 당직에 수술 조수까지 해야 했다. 이영균 교수는 심장 수술의 권위자 와튼 릴리아스 교수에게 심장 수술을 배울 수 있었다.

1년 예정이었던 연수를 "더 배워야 한다"고 고집해 2년으로 연장하면서 당시 첨단 심장 수술법을 배운 뒤 1959년에 귀국했다. 릴리아스 교수가 기증해준 인공심폐기를 가지고 귀국했지만 국내 사정은 정말 아무것도 없던 시절이었다. 이영균 교수가 릴리아스 교수에게 보낸 편지를 보면 혈액 응고를 막는 헤파린을 보내달라 부탁하고 릴리아스 교수는 몇 달 후 보내주기도 했다.

장비와 돈만 없었던 것이 아니다. 심장병 환자는 밀려 왔고 수술은 해야 했는데 살려낼 방법은 막연했다. 1963년 5월 14일, 편지에서 이 교수는 자신의 심정을 이렇게 밝힌다.

"저는 수술 환자의 좌심방을 열 때마다 제발 인공판막이 필요할 정도로 판막이 손상되어 있지 않기를 기도합니다. 인공판막이 제대로 없으니까요. 그래서 환자의 좌심방을 열 때마다 늘 초조함을 감출 수 없습니다."

1959년에 최초로 개심술(開心術)을 시행했지만 여덟 살 아이는 6시간 후에 죽었고, 1963년 3월 27일 마침내 7, 8번째 수술에서 심장병 환자들이 생존했다. 세계 최초의 개심술이 1953년에 미국에서 이뤄졌는데, 정말 열악한 상황에도 불구하고 단 6년 뒤에 한국에서도 개심술을 시행했다. 그 후 우리 의료진은 1963년, 개심술을 통해 환자들을 살려냈다.

이런 은혜를 입었기에 서울대학교에서는 한국판 '미네소타 프로젝트'를 펴기 위해 '이종욱글로벌의학센터'라는 기구를 세우고 2012년 8월 13일에 개소식을 했다. 이 기구는 세계보건기구(WHO) 사무총장을 지낸 고 이종욱(1945-2006) 박사의 숭고한 뜻을 기려 국제 의료문제 연구 및 후진국 의료 지원 등을 수행하기 위해 만든 기관이다. 그래서 라오스, 베트남 등 동남아 개발도상국의 의료인들을 한국으로 초청해서 첨단 의료교육을 시켜주고, 의료 수준을 끌어올려 우수한 의사들을 양성하

여 돌려보내는 활동을 해오고 있다. 사람 사랑의 아름다운 가
치가 멋진 유산으로 이어지고 있는 아름다운 일이 아닐 수 없
다(http://www.kormedi.com/news/article/1188106_2892.html 참조).

• • • 스토리 메시지

이영균 교수가 릴리아스 교수에게 보낸 1965년 8월 30
일의 편지에 이런 대목이 있다. "제 의대 동기 중 많은 이가 개업을
해서 미국 기준으로도 많은 돈을 벌고 있지만 저는 심장 수술을 위
해 전적으로 학교 일에 매달려야 합니다. 제 소망은 저와 가족이 조
금 더 나은 생활을 위해 학교를 그만두기 전까지 개심술에서 최소
한 안정적인 결과를 확립해두는 것입니다. 제 소망을 실현할 수 있
을 때까지 몇 년이 더 걸릴지 모르겠습니다. 상황은 매우 힘들지만
누군가는 한국에서 이 일을 해야 한다고 생각합니다." 돈보다 더 중
요한 사람 살리는 일의 중요함을 위해 희생한 사람들의 고귀한 선
택으로 지금도 우리나라 흉부외과 분야 의술은 세계 최고 수준을
자랑한다.

오늘도 계속하는 당신의 훈련,
세상을 구원한다

가끔은 전조가 있어서 파악이 가능하지만 보통 위기는 갑작스럽게 찾아와서 더욱 위험하다. 찾아온 위기를 극복하기 위해서는 어떻게 해야 할까? 위기 상황을 미리 대비하고 반복되는 연습을 통해 훈련에 집중해야 한다. 그래야 위기를 극복할 수 있다. 직장일도 그렇고 우리 인생 자체도 훈련의 연속이다. 훈련이 습관이 되도록 노력할 때 타성에 젖지 않고 우리 인생 앞에 닥쳐올 위기를 극복할 수 있다. 훈련으로 위기를 극복한 한 사건을 살펴보자.

2009년 1월 15일, 미국 US Airways 소속 1549편 여객기가 뉴

욕 허드슨 강 위로 추락했다. 뉴욕 라과디아 공항에서 이륙 후 7분 만에 일어난 사고였다. 원인은 철새와의 충돌로 인한 엔진 화재였다. 양쪽 엔진이 다 멈췄고, 승객들은 창밖으로 불길이 치솟는 것을 목격했다. 그 비행기 안에는 승무원을 포함해서 총 155명의 사람이 탑승해 있었다. 추락에 대비하라는 기장의 안내 방송이 나왔고, 비행기 안에 있던 사람들은 모두 죽게 된다고 생각했다. 저마다 기도했고, 자신들을 기다릴 가족을 떠올리며 유서를 쓰는 승객들도 있었다.

당시 비행기는 뉴욕 상공 300미터 위를 날고 있었고, 바로 아래는 뉴욕 맨해튼의 마천루가 펼쳐져 있었다. 탑승객이 다 죽는 것만이 문제가 아니라 비행기가 뉴욕 시 빌딩 숲에 추락하면 9·11테러만큼의 피해가 생길 수도 있는 상황이었다. 그 순간 기장 설렌버거는 관제사의 뉴저지 작은 공항으로 가라는 유도를 포기하고 허드슨 강으로 방향을 틀었다. 비행기 승객 외에도 뉴욕 시민들의 안전을 지키기 위한 순간적인 판단이었다.

하지만 허드슨 강으로 불시착할 때 물의 표면장력으로 항공기 동체가 대파될 수 있는 위험이 있었다. 설렌버거 기장은 속도를 최대한 줄였다. 그리고 꼬리부터 물에 닿도록 조종해서 동체가 머리부터 물속에 박히는 것을 방지했다. 만약 착륙 시 조금이라도 각도가 틀어졌다면 강 위에 비행기가 일정 시간 떠 있기 힘들었다. 사고 발생 시간부터 착륙까지 걸린 시간은 단 4분에 불과했다. 그 짧은 시간에 설렌버거 기장은 올바르고 정확하게 판단해야만 했다.

US 1549편은 허드슨 강 수면 위로 안전하게 불시착했다. 이후 비행기가 수면 아래로 침몰하고 있는 위급한 상황에서 승객들은 기장과 승무원의 지시 아래 비행기 양쪽 날개 위로 탈출했다. 기장은 마지막까지 남아서 기내를 앞뒤로 다니며 혹시라도 남은 승객이 있는지 확인하고 또 확인했다. 그리고 마지막으로 밖으로 나왔다. 당시는 겨울이어서 기온은 섭씨 영하 8도, 강의 수온은 영상 1.5도로 내려간 상태였다. 밖으로 나간 기장은 자기의 유니폼을 벗어 추위에 떠는 승객에게 입혔다. 이런 사람이 진정한 캡틴이 아닌가?

곧 도착한 첫 구조선과 차례로 달려온 페리와 여객선들을 통해 구조작업은 신속하게 진행됐다. 불시착 후 전원 구조까지 걸린 시간은 불과 23분이었다. 한 사람이 골절상을 입었을 뿐 전원 무사하게 구조되었다. 당시 뉴욕 시장이었던 마이클 블룸버그는 이 사건을 '허드슨 강의 기적' 이라고 표현했다.

그러나 US 1549편 기장 체슬리 설렌버거는 이렇게 말했다. "탑승객들과 지상에 있는 사람들에게 피해를 주기 싫었습니다. 지금까지 나의 인생은 그 순간을 위한 준비과정이었다고 생각합니다." 설렌버거 기장은 국민적인 영웅이 되었다. 하지만 설렌버거는 이것을 기적이 아닌 '훈련의 결과' 라고 말했다. 자기가 수십 년 동안 비행기를 조종하면서 평소에 위험한 상황을 대비하는 반복된 비상훈련을 해왔던 바로 그 경험이 결국 그런 대응을 가능하게 했다고 겸손하게 말했다.

세상은 참 좁아서 전에 경기도 분당에 있는 한 회사의 신우회에서 이 이야기를 나눌 때 경력직으로 입사한 어느 여직원이 자기가 설렌버거 기장을 안다고 해서 우리 모두가 깜짝 놀랐다. 그가 미국에서 유학할 때 설렌버거 기장의 딸과 친구였다고 했다. 그 집을 방문해서 식사를 하기도 했고, 설렌버거 기장은 자녀들에게도 존경받는 멋진 아빠이기도 하더라고 말해주었다.

잠언 22장에서 잠언 기자는 많은 재물보다 명예를 택하라고 하면서 마지막 구절인 29절에서 우리가 추구해야 할 가치와 명예에 대한 결론을 내린다. "네가 자기의 일에 능숙한 사람을 보았느냐. 이러한 사람은 왕 앞에 설 것이요 천한 자 앞에 서지 아니하리라." 여기서 "능숙한"(skilled, NIV) 사람은 성실하고 근면하게 노력하는 사람을 함축하고 있다. 꾸준히 훈련을 감당해서 숙달되어 있고 노련한 장인을 말한다. 직업분야에서 우리에게는 이런 훈련이 꼭 필요하다. 이렇게 되기 위해 부단히 노력하는 책임 있는 자세가 우리에게도 필요하다.

　　　북극 지방에 사는 에스키모인들은 가족의 생계를 위해 물개 사냥을 할 때 실패가 거의 없다고 한다. 얼음에 구멍 뚫고 물개가 지나기를 기다리는데 한 시간이고 두 시간이고 계속 기다린다. 물개가 얼음 구멍 아래로 지나갈 때까지 계속 기다리니 사냥에 실패하는 경우는 거의 없다. 아메리카의 한 인디언 종족이 지내는 기우제도 지금껏 실패한 적이 없다고 하지 않는가? 기우제를 지내기 시작하면 비가 올 때까지 계속하니 실패한 기우제가 없었다는 말이다. 우리가 우리의 일에 대해 훈련받을 때도 이런 인내를 배워야 한다. 될 때까지 노력하는 자세가 우리를 우리의 일에 능숙한 사람으로 만들어줄 것이다.

P·A·R·T·5

세상이 감당하지 못할 만한
------------------------------ 영향력 이야기

세상의 높은 기대와
비판에 응답하라

기독교와 관련되어 사회적 비난이 쏟아지는 사건들이 종종 터진다. 그러면 함께 일하는 사람들로부터 집중적인 비난이나 추궁을 당한 경험이 한두 번쯤은 있을 듯하다. 그렇게 한마디씩 하는 말에 일일이 대응하기도 쉽지 않다는 하소연도 종종 듣는다. 농담 섞어 이렇게 받아주라고 말하기도 한다. "그래도 그 사람이 예수님을 믿었으니 그 정도지요! 예수님을 안 믿었으면 훨씬 더했을 거예요!" 색안경을 끼고 보는 사람들을 향한 일종의 반격인 셈이다. 그보다 더한 사람들도 많은데 기독교인이기에 높은 기대와 기준을 정해놓고 일방적으로 몰아붙이는 면도 있

다. 그에 대한 맞대응이기도 하다. 물론 그리 바람직한 대응은
아니다.

가만히 살펴보면 세상 사람들은 크리스천들을 향해 자기보다
는 높은 윤리 기준이나 행동의 수준을 요구한다. 억울할 수도
있으나 하나님이 우리에게 요구하시는 수준보다는 오히려 낮다
는 생각이 든다. 원수를 사랑하고 박해하는 자를 위해 기도하라
고 교훈하시는 예수님이 너희를 사랑하는 자를 사랑하고 형제
에게만 문안하면 남보다 나은 것이 무엇이고 이방인들도 하는
수준이라고 지적하셨다(마 5:43-47). 그리고 이렇게 말씀하신
다. "그러므로 하늘에 계신 너희 아버지의 온전하심과 같이 너
희도 온전하라"(마 5:48). 우리 일터의 동료들이 우리에게 요구
하는 수준은 하나님이 우리에게 바라시는 수준과 비교하면 그
리 높지 않다. 우리는 남다른 수준으로 그리스도인다움을 우리
동료들에게 보여줄 수 있어야 한다.

『천로역정』을 쓴 존 번연은 안수받은 목사는 아니지만 설교
를 했고 목사로 인정받은 사람이었다. 그가 왕의 명령을 어긴
죄로 감옥에서 수감생활을 할 때의 일이다. 간수장이 평소에 존
경하는 존 번연에게 잠시 집에 다녀오는 것을 허락했다. 간수장
의 호의를 입은 존 번연이 감옥을 나와 집으로 가다가 무슨 생
각인지 다시 감옥으로 돌아와서 간수장에게 이렇게 말했다.

"당신의 호의는 고맙습니다. 하지만 성령님이 인도하시는 길이 아니라는 생각이 들어 돌아왔습니다."

한 시간 후에 왕이 감옥을 시찰했다. 그러자 간수장이 존 번연에게 말했다.

"성령님의 인도하심으로 인해 저도 살았고 당신도 살았습니다."

관행으로 그래왔다고, 이전 사람도 그랬다고 해서 쉽게 따라해서는 안 된다. 수준을 높여서, 이래도 과연 문제가 없을지 잘 판단해서 행동해야 한다.

오래 전 한 기독교계 신문에서 본 칼럼의 내용이다. 동료 교수에 관한 이야기를 주제로 쓴 글이었다. 한 수학교수가 미국에서 공부하며 칠십 세가 넘은 노교수에게 지도를 받았다. 하루는 노교수가 16개국이나 되는 곳에서 온 자기 제자들을 집으로 초대했다. 그런데 제자들이 가서 보니 교수님의 사모님은 한 손을 못 쓰는 분인데 직접 음식을 만들고 있었고, 노교수가 돕고 있었다. 그러자 제자들이 요리를 돕고 음식을 날라 마련한 식탁에 둘러앉았다.

한 제자가 가사 도우미도 두지 않고 사는 교수님의 한 달 수입과 생활비는 얼마쯤 되느냐고 여쭈었다. 무례한 질문이었을 텐데 노교수는 흔쾌히 대답했다. 봉급과 인세와 같은 수입을 모두 합하면 한 달 수입이 3만 불은 된다고 했다. 하지만 한 달 생활비는 8백 불이면 충분하다고 했다. 의아해하는 제자들에게 노교수는 이렇게 말했다.

"그게 어디 내 돈입니까? 하나님이 나에게 재주를 주셔서 학자가 되게 하시고, 각국에 제자를 두게 하신 것도 감사한데, 아직도 이 지구상에는 예수님의 이름을 모르는 사람이 많습니다. 그래서 나머지 돈은 모두 선교헌금으로 드리고 있습니다."

신문에 칼럼을 쓴 사람의 동료인 그 수학교수는 신앙이 없는 사람이었는데, 칼럼은 그 수학교수가 이렇게 말했다고 전한다. 오늘날 미국이라는 나라가 문제도 꽤 많지만 여전히 긍정적인 힘과 영향력을 미치는 이유를 그는 자기 나름대로 파악했다. 바로 자기의 은사와 같은 그런 멋진 크리스천들 때문이라 생각한다고 고백하듯이 말했다.

한 달에 3천만 원을 넘게 벌어서 연봉이 4억 원쯤 되는 것이 복이라면 복이다. 그러나 그것이 진정한 축복은 아니다. 그보다 더 큰 축복이 있다는 것을 미국의 그 노교수는 여러 나라에서 온 제자들에게 보여주고 감동을 주었다. 우리는 크리스천이기에 일터 동료들에게 욕을 먹지 않는 정도가 아니라 뭔가 남다른 가치 기준으로 살아간다는 점을 보여줄 수 있어야 한다.

지난 2002년에 남미 KOSTA(유학생집회)에 다녀온 홍정길 목사님이 만났던 한 교포 신앙인의 간증을 소개한다. 이 사람은 일곱 살 때 아버지와 함께 중동으로 이민을 갔다가 인도네시아, 필리핀, 브라질을 거쳐 막다른 골목이라고 말하는 파라과이에 정착했다. 집안이 가난해서 장학금을 타기 위해 아순시온국립대학교 의과대학에 들어갔다. 밤늦은 시간에도 불이 켜진 곳을 찾아 공부하기 위해 시체실에서 공부를 했다. 그곳에서 이 사람은 하나님을 경험적으로 만났다. 생명이 없는 것이 어떤 것인지 처절하게 깨달았고, 생명이 있는 것은 아무리 작아도 움직이는 것을 보면서 시작된 생명의 신비에 대한 의문이 결국 생명의 근원이신 예수 그리스도를 만나게 했다.

이 사람이 의과대학의 졸업시험을 구두시험으로 치러야 했다. 지도교수가 그에게 지금까지 그가 공부한 과정을 잘 알고 있으니 길게 하지 말고 딱 한 문제로 결정을 하자고 말했다. 그때 이 사람은 이 학교에서 수석졸업은 자기에게 주지 않기로 작정했다는 사실을 직감했다. 왜냐하면 파라과이에서 한국인은 가장 싫어하는 사람들의 부류에 속하기 때문이었다. 싫어하는 민족 설문조사에 한국인이 거의 수위에 올랐다. 이제껏 수석의 성적을 거두었지만 졸업시험에서만은 자신들이 싫어하는 한국인에게 수석을 주지 않기 위해 대답 못할 만한 문제를 낼 것이라고 생각했다. 그런데 지도교수는 구술 문제를 내기 이전에 시험관인 동료 교수들에게 이렇게 말했다.

"한국인 중에도 좋은 사람들이 있습니다. 우리 집 앞에 한국인이 경영하는 채소 가게가 하나 있습니다. 그들은 새벽에 일찍 일어나 문을 열고 노래를 부르면서 가게에 채소들을 정성껏 아름답게 진열합니다. 그 집 채소는 언제나 싱싱한 최상품입니다. 그래서 우리 마을 사람들은 그 집 채소라면 누구든지 의심하지 않고 기분 좋게 삽니다. 그런데 하나 더 주목해볼 것은 일요일이면 그들 가족이 정장을 입고 교회에 가고 저녁이면 기쁘게 찬송하며 돌아옵니다. 그들을 보면 이곳이 천국이 아닌가 생각할 정도로 아름다운 삶을 살고 있습니다."

이런 말을 하고 난 지도교수는 그리 어렵지 않은 한 문제를 냈고, 이 사람은 수석으로 졸업했다. 하지만 한국인에 대한 나쁜 이미지 때문에 파라과이의 어떤 병원에서도 인턴과정을 밟을 수 없었다. 그래서 같은 언어권인 스페인의 국립대학으로 가서 인턴과정을 마치고 박사학위까지 마쳤다. 다시 파라과이로 돌아왔지만 어디서도 그를 반겨주지 않았다. 마침 외국인이 경영하는 가톨릭의과대학에서 그를 초청해 외과교수로 일하며 가르치기 시작했다. 그리고 2002년에는 부학장으로 승진했다.

의사로서 명성을 얻자 주변의 여러 사람, 특히 동창들이 동업하자는 제의를 많이 했다. 학교 은퇴 후 가난한 교수 연금만으로 살 수 없으니 돈을 많이 벌어야 한다면서 자신의 병원에 오면 특급 대우를 해주겠다고 했다. 어떤 부자들은 병원을 지어주겠다고 제안하기도 했다. 그러나 그는 가지 않기로 결정했다. 두 가지 이유 때문이라고 말했다.

첫째는 자신이 그리스도인이기 때문이다. 그는 하나님이 자신을 의사가 되게 하신 이유는 돈벌이가 아니라 병든 사람을 고치는 사명을 다하게 하기 위함이라고 믿는다. 가난한 인디오들에게도 혜택을 줄 수 있는 병원이 바로 가톨릭의과대학 병원이기 때문이다. 그래서 만약 그 병원보다 더 좋은 조건으로 의료 혜택을 받기 힘든 사람들을 치료할 수 있는 병원에서 부른다면 가겠지만 돈 때문에 병원을 떠나지는 않기로 작정했다.

둘째는 자신이 한국인이기 때문이다. 한국인들이 그 남미 땅에서 이기적이고 얄미운 사람들로 인식되고 있는 것이 사실이다. 그런데 오래 전 의과대학 졸업시험이 있던 날, 그는 지도교수가 사는 동네에서 채소 가게를 운영했던 한국인 크리스천들로 인해 큰 덕을 보았다. 한국인들에 대한 평판이 나쁜 남미에서 자기 한 사람이라도 바로 서 있으면 자기가 모르는 누군가가 또 다른 혜택을 볼 것이다. 멋진 직업관을 가지고 일하며 신앙생활을 했던 그 한국인 가족의 덕을 보았고, 그들에게 빚을 진 사람이라고 했다. 이제는 그 빚을 갚아야 할 책임이 있기에, 다시 말해 자신도 한국인 크리스천이기에 그 자리를 떠날 수 없다고 말했다.

오늘 우리가 우리의 자리에서 사명을 다하고 영향력을 발휘할 이유가 바로 여기에 있다. 오늘 우리 한국 사회에서 크리스천들이 손가락질당하고 교회가 비판받고 있는가? 우리의 잘못이 있고 세상의 과도한 비판 공세가 더해져 억울할 수도 있다. 그런데 우리가 오늘 우리의 자리에서 사명을 다하고 영향력을 발휘하면 결국 우리는 인정받을 수 있다. 하나님이 알아주실 것이고, 세상 사람들도 결국 인정할 것이다. 파라과이의 한국인 의과대학생의 지도교수가 채소 가게를 하던 한국인 크리스천들을 칭찬하고 자신의 제자를 믿어주었던 것처럼 말이다.

물맷돌을 준비하면
---------- 골리앗 앞에 서는 기회가 온다

다윗은 골리앗과 맞서 싸울 때 물맷돌을 한 번 던져서 한 방에 거인 골리앗의 두개골을 뚫었다. 물맷돌이 골리앗의 이마에 박힐 정도였다. 어떻게 이렇게 강하게 돌을 던질 수 있었을까? 아울러 정확히 이마를 맞추어 물맷돌 한 방으로 거인을 죽일 수 있었을까? 보통 실력이 아니다. 더구나 다윗은 당시에 달려가면서 물맷돌을 던져야 했다. 달리다 보면 조준하기가 더욱 쉽지 않았을 텐데 한 방에 정확히 골리앗의 이마에 물맷돌을 명중시켰다. 성령님이 함께하셨음을 인정하지만 다윗이 얼마나 물맷돌 던지기 연습을 많이 했는지 상상해볼 수 있다. 다윗의 물맷

돌에 대해 생각해보자.

당시 유대인 가정에서는 집안의 막내가 집안에서 키우는 양들을 책임 맡아 돌보았다. 다윗의 형들 일곱 명도 차례로 집안의 양들을 책임지고 돌보는 일을 했으나 다윗은 형들보다 오래 그 일을 해야만 했다. 그 일을 물려줄 동생이 없었기 때문이다. 형들보다 오래 집안일을 하느라 자기 일을 제대로 못했지만 다윗은 그 핸디캡을 기회로 삼았다. 사무엘 선지자가 심방 오시고 함께 식사하는 자리에도 초대받지 못하며 양들을 돌봐야 하는 소외의 풀밭에서 다윗은 물맷돌 던지기를 부단히 연습했을 것이다. 그래서 탁월한 물매꾼이 되었다.

야구를 하는 투수들은 똑같은 규격의 야구공으로 밤낮 연습을 한다. 물론 타자가 서서 그 공을 치려고 잔뜩 노리고 있지만 투수들은 가만히 서서 집중해 포수의 미트에 공을 던져 넣는다. 그런데도 그 일이 그리 쉽지 않다. 강속구를 가진 투수도 제구 능력이 없어서 투수로 성공하지 못하기도 한다.

더구나 다윗이 사용했던 물매에 넣어 던지는 물맷돌은 같은 규격의 돌이 없었다. 시내에서 주운 매끄러운 돌이었다. 크기가 비슷했다 하더라도 그 돌들은 모양이 조금씩 달랐다. 돌의 비중도, 무게도 달랐을 것이며, 손에 쥐는 감각도 각각 달랐다. 다윗은 같은 돌을 던져본 적이 한 번도 없었다. 물매에 넣어 던지는 돌마다 언제나 다른 돌이었다. 그런 돌을 던져서 목표물에 맞히려고 하면 어떻게 해야 할지 짐작할 수 있다. 무수하게 돌을 던져보고 느낌으로 알아야만 했다. 전에 던졌던 돌들, 전에 만졌던 비슷한 무게의 돌들, 비슷한 모양과 무게의 돌을 던졌던 경험을 살려 기억하고 분석해서 던져야 목표물에 맞출 수 있다. 맞히기만 하면 되는 것이 아니라 강력한 속도가 있어야 한다. 거인의 두꺼운 두개골을 깨뜨려려 했다. 거인의 이마에 혹 하나 나게 하는 강도로는 어림도 없었다.

빠른 속도를 유지하면서 정확하게 던지려고 하는데 각각 다른 돌을 써야 한다면 어떻게 해야 하겠는가? 무수한 연습으로 자신만의 통계를 가지고 있어야 한다. 그야말로 빅 데이터가 준비되어 있어야 골리앗을 쓰러뜨리는 일이 가능했다. 물맷돌을 던지는 연습이 취미생활이나 그저 시간 때우기였다면 다윗은 결코 골리앗을 쓰러뜨리지 못했다. 다윗은 수없이 물맷돌 던지기 연습을 하면서 진지하게 평가하고 기록하며 오류를 수정하는 과정을 반복했다. 이렇게 몸으로 익히는 노력은 결코 거짓말을 하지 않는다.

아울러 사사시대에 베들레헴 근처인 기브아에 탁월한 왼손잡이 물매꾼 칠백 명이 있었다. 다윗이 그들의 후손들을 찾아서 물매 던지기를 연습하지 않았을까 상상해본다. 저녁에 양들을 우리에 들여놓은 후 다윗은 한달음에 기브아까지 뛰어가서 물매꾼들의 후손들이 운영하는 '한방 물매학원' '정타 물매교습

소' 같은 곳에서 물매 던지기 기술을 배우지 않았을까?

'운칠기삼' 이라는 말을 하곤 한다. 운이 7이고 능력과 기술이 3이라는 뜻이다. 우리 사회가 만약 그렇다면 명백한 불공정 사회이다. 운보다 능력의 비중이 높은 공정사회를 만들어야 한다. 그런데 이 '행운' 은 어떤 사람에게 다가올까? 노력하는 사람을 따라다닌다는 답이 정답이다.

나이키의 창업자이자 오랫동안 경영했던 필 나이트는 자서전의 끝부분에서 이렇게 말했다. "운동선수, 시인, 기업가에게는 행운이 따라야 한다. 열심히 노력하는 것도 중요하고, 좋은 사람을 만나서 훌륭한 팀을 이루는 것도 중요하고, 머리도 좋아야 하고, 결단력도 있어야 한다. 그러나 행운이 결과를 결정할 수도 있다"(『슈독』(Shoe Dog), 사회평론 펴냄, 543쪽).

우리는 보통 내게는 기회가 오지 않는다고 푸념하곤 하는데, 기회가 올 때 놓치지 말고 그 기회를 붙잡아야 한다. 그런데 기회는 열심히 노력하는 사람, 준비된 사람에게 찾아온다. 탁월하게 물맷돌을 던질 수 있는 사람에게 다가온 기회가 골리앗을 쓰러뜨릴 수 있다. 직업을 통해 하나님의 나라를 세워가는 우리도 무수히 물맷돌을 던져야 한다. 손 안에 들어온 돌이 어떤 돌인지, 어떻게 던져야 할지 금방 느낌이 올 정도로 연습해야 한다. 직업인이라면 평생 숙련해야 하지만 특히 젊은 시절은 물맷돌 던지기를 부단히 연습해야 하는 시간이다. 거친 짱돌이 매끄럽게 닳고 닳은 예쁜 물맷돌이 될 때까지 부단히 연습해야 한다. 우리는 일하면서 자신의 강점을 잘 활용하여 자기 계발을 할 수 있어야 한다. 다윗에게 있어서 물맷돌 던지는 능력은 목자라는 그의 직업의 필요 때문이기도 했지만 결국 그가 잘하는 일이 되었다.

1969년, 미국 메이저리그 미네소타 트윈즈 팀의 짐 카트(Jim Kaat)는 한해에 5~6승정도 하는 투수였다. 새로 투수코치 조니 세인이 왔는데 선수들의 연습을 지켜보며 노트에 무언가 적는 게 일이었다. 일주일 뒤 집으로 선수들을 초대하고 한 사람씩 자기 방에서 개별적으로 면담을 했다. 짐 카트의 차례가 되었고, 조니 코치가 물었다.

"짐, 자네 구종은 뭔가?"

"예, 저는 직구가 특기입니다. 그밖에 커브, 슬라이더, 체인지업의 네 가지 구종입니다."

"자네, 이번 훈련에는 무엇에 중점을 두고 연습하나?"

"직구는 자신 있고 커브도 그럭저럭 던지는데, 슬라이더와 체인지업은 연습해도 안 늘어 훈련캠프에서 익히려고 합니다. 예전 코치님도 구종을 다양화하라고 주문하셨습니다."

"구종을 늘리면 승수를 쌓을 수 있겠나?"

"글쎄요. 지금으로써는 그다지 자신은 없습니다."

"짐, 슬라이더나 체인지업은 연습하지 말고 직구를 너 연습하게. 자네는 굉장한 직구를 가지고 있어, 직구에 승부를 걸게. 어떤 경기에서도 80~90%는 직구로 타자를 잡겠다는 각오로 이번 캠프에서 연습하게."

짐은 조니 코치의 조언으로 강점인 직구에 집중했다. 직구 중심으로 훈련해서 다음 해에 26승을 했고 최우수 투수로 선정되었다(하코다 다다아키 지음, 「떨어진 사과를 팔아라!」, 미들하우스 펴냄, 110-117쪽). 짐 카트의 투수 경력은 화려하다. 팀을 옮겨 통산 283승에 서른한 번의 완봉승을 거두었다.

···스토리 메시지

준비된 사람에게 기회가 문을 두드린다. 준비되어 있지 않으면 행운이 찾아와도 소용없다. "내겐 왜 기회가 오지 않는가?"라고 한탄만 하고 있으면 안 된다. 짱돌을 갈아 손에 착 감기고 물매 안에 넣으면 딱 들어맞는 나만의 물맷돌을 만들어 준비하고 있어야 골리앗 앞에 나설 수 있다. '물맷돌'이 준비되어 있지 않으면 '골리앗'은 우리 인생에 절대로 나타나지 않는다. 오히려 나타나면 큰일이다! 왜 내게는 골리앗이 나타나지 않느냐고 불평하지 말고 오늘도 우리는 자신만의 물맷돌을 만들어야 한다.

일과 인생에서
집중하고 몰입하라

집중하는 것은 중요하다. 뭔가 느낌이 확 다가올 때의 전율을 경험해보았는가? 상상이 휘황찬란한 날갯짓을 하며 비상하는 느낌, 아이디어가 퍼뜩 떠오르는 순간을 기억하고 있는가? 몰입할 때 가능하다. 이런 아이디어를 가진 사람은 어떤 사람일까? 게으른 데도 운이 좋은 사람일까? 결코 아니다. 아이디어가 있는 사람은 열정이 흘러넘치는 사람이다. 늘 그것을 생각하고 집중하고 몰입하다 보니 아이디어가 떠오른다.

중력의 법칙을 발견한 아이작 뉴턴이 어떻게 그런 위대한 발견을 했느냐고 질문하는 사람에게 이렇게 대답했다. "한 가지만을, 그것 한 가지만을 생각했습니다." 우리는 그저 사과나무에서 사과가 땅으로 떨어지는 것을 보고 반짝 떠오른 아이디어로 뉴턴이 만유인력의 법칙을 발견했다는 소박한 지식을 가지고 있다. 그런데 뉴턴은 스무 살 무렵에 페스트를 피해 런던 근교의 시골로 내려가 지내면서 사과가 떨어지는 것을 보고 문제의식을 가지긴 했다. 그런데 그 후 20여 년 후에 만유인력의 법칙을 발표했다. 그렇게 한 가지를 집중적으로 생각했고 성과를 냈다.

자기 일에 집중하고 몰두할 때 꿈을 통해서도 일을 이룰 수 있다. 독일의 약리학자 오토 뢰비가 그중 한 사람이다. 1930년대 이전까지만 해도 과학자들은 근육의 신경 전달체계에 대해 정확히 이해하지 못했다고 한다. 근육의 수축에 전기적 신호가 연관된 것은 알려졌으나 정확한 메커니즘이 밝혀지지 않았다. 오토 뢰비는 신경 전달의 정확한 과정을 이해하려고 여러 방면으로 노력했지만 많은 실패를 경험했다. 알듯 말듯, 손에 잡히는 듯했으나 답답하게도 풀리지 않았다.

그러던 어느 날, 오토 뢰비는 잠을 자다가 꿈속에서 신경 전달의 그 복잡한 과정을 풀어냈다. 잠에서 깨어난 그는 꿈에서 깨달은 몇 가지를 종이쪽지 위에 휘갈겨 써 놓은 후 흡족한 마음으로 다시 잠을 청했다. 다음 날 아침에 일어난 뢰비는 기쁜 마음으로 간밤에 꿈에서 본 내용을 써놓은 종이를 봤다. 그런데 아무리 보아도 자기가 쓴 글씨를 읽을 수가 없었다. 온종일 꿈 속에서 본 것을 생각해 내려고 했으나 안타깝게도 기억나지 않았다.

그런데 놀랍게도 그날 밤, 그 꿈이 다시 반복되었다. 이번엔 잠자리를 박차고 일어난 뢰비는 종이에 적는 대신 실험실로 달려갔다. 그리고 꿈에서 본대로 직접 실험을 했다. 동틀 무렵에 오토 뢰비는 개구리의 근육 속에서 신경 전달의 기본 성질을 발견했다. 근육의 수축은 전기적인 성질이 일련의 화학적 반응을 통해 신경을 전달해 가능하다는 사실을 밝혀내었다. 미주신경 물질(아세틸콜린)을 발견했고, 이 발견으로 1936년 노벨 의학상을 독일 약리학자 오토 뢰비가 수상했다(폴 브랜드 · 필립 얀시 지음, 「고통이라는 선물」, 두란노 펴냄, 71쪽).

일라이어스 하우는 일하다 다쳐서 지체장애인이 되었고 실업자 신세로 전락했는데, 그의 직업은 발명가였다. 아내가 바느질을 해서 생계를 유지했는데, 어떻게 아내를 도와줄 수 있을까 고민했다. 바느질도 틀림없는 반복 작업인데 기계화하여 편하게 해줄 수 있을 것 같았다. 바늘을 어떻게 활용해야 기계화 작업을 할 수 있을지 막연했다. 어느 날 자다가 꿈을 꾸었는데 토인 추장이 한 시간 안에 재봉기계를 못 만들면 죽인다고 협박했다. 여러 토인이 창을 겨누고 다가오는데 창의 앞부분인 창날에 구멍이 뚫려 있는 것이 보였다.

일라이어스 하우는 잠에서 깬 후 바늘의 뾰족한 앞부분에 구멍을 뚫었다. 그래서 하우는 새로운 바늘구멍에 넣은 윗실과 실톳에 감은 밑실을 활용한 겹바느질로 재봉질하는 2중 재봉 기계를 드디어 발명했다. 몰입하고 집중하는 사람들은 이렇게 꿈에서도 자신이 생각하는 내용을 본다.

지금도 절대적인 기준으로 환산하면 세계 최고의 부자 자리를 넘겨주지 않는다는 록펠러가 스탠더드오일 기업을 운영할 때의 일이다. 한창 해외 유전을 개척할 시기였는데 스탠더드오일의 임원 중 신앙심이 깊은 사람이 있었다. 그가 어느 날 성경을 읽다가 머릿속에 마치 번갯불이 스치고 지나가는 것 같은 느낌을 받고 자리에서 벌떡 일어났다. 이 부분이었다. "레위 가족 중 한 사람이 가서 레위 여자에게 장가 들어 그 여자가 임신하여 아들을 낳으니 그가 잘 생긴 것을 보고 석 달 동안 그를 숨겼으나 더 숨길 수 없게 되매 그를 위하여 갈대 상자를 가져다가 역청과 나무 진을 칠하고 아기를 거기 담아 나일 강가 갈대 사이에 두고"(출 2:1-3).

이 정유회사 임원이 어떤 단어에 주목했을까? 바로 '역청'이라는 단어에 그의 눈이 고정되었다. 역청(pitch)은 원유를 정제하여 기름을 유출해낸 후 남은 찌꺼기이다. 그 임원은 소리쳤다. "바로 그곳에 석유가 있다! 그곳에 석유가 있어!" 그는 펄쩍 뛰면서 외쳤고, 지질학자가 포함된 조사단을 이집트로 보냈다. 고고학자들의 도움을 받아 성경이 기록된 장소를 중심으로 현지 조사를 시도하다가 엄청난 규모의 유전을 발견했다. 그 유전은 스탠더드오일 회사의 세계 시장 개척에 크게 기여했다(이채윤 지음, 「십일조의 비밀을 안 최고의 부자 록펠러」, 미래사 펴냄, 130-131쪽).

해고의 위기에 처했을 때도 집중하면 위기를 극복할 수 있다. 전에 섬기던 기독실업인회 한 지부 모임에 출석하는 어느 분의 경험이다. 지금은 상조회사를 경영하는데 그분이 20여 년 전에 당시 해동화재보험사의 수금담당으로 일했다고 한다. 당시 각 회사가 은행과 결제 시스템을 갖추어 결제하는 펌(Firm)뱅킹을 새로 도입하게 되었다. 그런데 당시 해동화재에서는 네 개의 주요 은행들과는 개별적으로 결제 시스템을 갖추었는데, 지방의 은행들과는 한 달씩 걸리는 결제 시스템을 갖추는 데 한계가 있었다. 지점장 회의만 하면 각 지역의 지점장들은 수금담당이 무능하다고 해고하라고 성화였다.

그는 해고의 위기 앞에서 절박한 심정이 되어 은행의 결제 시스템을 꼼꼼히 살펴보았다. 그랬더니 너무 비효율적이었다. 그래서 금융결제원이 중간역할을 하면서 은행과 기업을 연결해서 결제를 도와주고 양쪽으로부터 비용을 받게 하는 새로운 결제 시스템을 정리해보았다. 그 아이디어를 가지고 금융결제원의 아무개 과장을 만나서 설명을 하자 그 사람은 무릎을 치면서 감탄했다. 해고 위기로 절박했던 그 직원은 새로운 결제 시스템을 구축하면 가장 먼저 해동화재에 적용해 시험해주는 것만 요구했고, 그 외에 어떤 보상도 바라지 않았다.

그 직원은 새로운 결제 시스템의 이름을 'CMS 계좌이체 방식'(Cash Management Service)이라고 만들어주기까지 했다. 해고 위기를 겪던 상황에서 멋진 아이디어를 낸 CMS가 새로운 결제 시스템으로 정착되었고, 20여 년이 지난 지금도 널리 사용되고 있다.

• • • 스토리 메시지

몰입하고 집중해서 아이디어를 얻은 사람들이야말로 잠언에서 말하는 "자기 일에 능숙한 사람(a man skilled in his work)"(잠 22:29)이다. 자기 일에 능숙하고 숙련된 사람, 근면하고 성실하게 일하는 사람들에게 기발한 아이디어가 떠오른다. 그래서 결국 왕 앞에 서는 일을 경험할 수 있다. 자기 일에 최선을 다하려고 집중하며 몰두하는 자가 이런 아이디어의 축복을 얻는다. 우리도 일하면서 집중하고 몰입하여 생산성을 극대화할 수 있어야 한다. 아울러 우리 인생에서도 멋지고 가치 있는 일에 몰입할 수 있어야 한다. 그래서 결국 우리의 왕이신 하나님 앞에 설 수 있어야 한다.

C·H·A·P·T·E·R·04

승진, 선한 영향력을
발휘할 기회

신입사원 시절 힘들고 어려울 때 서로 의지했던 한 동기 직원에
게 배신감을 느낀다고 하소연하는 B과장이 있었다. 함께 입사해
서 주임과 대리를 거쳐 과장 승진까지 함께했고, 10년이 넘은 둘
의 우정에 별문제가 없었다. 그런데 차장 승진을 앞두고 그 동료
가 달라졌다. B과장 자신도 승진하고 싶은 마음이 굴뚝같은데
그 친구도 마찬가지 아니겠는가 생각해보면 이해가 되긴 했다.
그런데 그가 이곳저곳 손을 쓰고, 또 B과장을 험담하고 다닌다
는 이야기를 듣다 보면 화가 치밀어 올랐다. 그 동료는 B과장이
크리스천이라는 점까지 걸고넘어지면서 모함을 하기도 했다. 그

래서 더욱 약이 올랐다. 그냥 양보해 버리지 않고 B과장 자신이 승진해서 그의 코를 납작하게 해주고 싶다고 말했다.

승진문제에서 예외인 직장인은 거의 없다. 성경은 승진문제에 대해 흑백논리식으로 가르치지 않는다. 세상 속에서 영향력을 미치고 살아야 할 크리스천에게 있어 승진은 하나님의 영광을 드러내는 기회일 수 있다. 하지만 세상 속에서 구별된 삶을 살아야 하기에 우리는 승진에 대한 세상의 가치관과는 뭔가 다른 크리스천의 안목을 가지고 있어야 한다. 그래야 승진과 성공에 대해서도 제대로 처신할 수 있다.

우리 크리스천들은 승진에 대한 긍정적인 동기부여를 해야 한다. 다니엘처럼 성실하고 탁월하게 자신의 업무를 해내면서 능력을 발휘하여 승진할 수 있다. 승진은 직장 내에서 선한 영향력을 확대하는 좋은 계기가 된다. 높은 지위에 오르면 오를수록 책임이 늘어난다. 권력 남용이 아니라 늘어난 책임을 통해 일터에서 선한 영향력을 확대할 수 있다. 우리 크리스천들이 윗자리에 올라 선하게 리더십을 발휘하면 우리 일터문화도 변화시킬 수 있다.

하지만 승진이 사탄의 유혹이 될 수도 있다. 다니엘이 승진을 거부한 것도 바로 이런 이유 때문이었다. 예전에 바벨론 궁궐에서 일을 시작할 때 음식을 거절하며 유혹을 이겨냈듯이 다니엘은 한 달간의 기도 금지령도 사탄의 유혹으로 보았다. 다니엘의 세 친구가 풀무 불에 들어가 죽을지라도 왕의 신상 앞에 절할 수 없었던 것처럼 다니엘은 신앙의 순수함을 지키기 위해 승진을 포기했다. 우리의 승진에도 이런 요인이 있을 수 있다. 승진에 관련된 이런 유혹은 물리쳐 이겨야 한다.

승진에 관한 이런 성경적인 원칙은 분명히 있지만 사실 승진 당락의 현장에서 우리 직장인들은 가슴 졸이게 된다. 우리가 겪는 어려움은 B과장의 승진 다툼의 경우처럼 일종의 네거티브 전략까지 동원하여 자신의 승진을 모색하는 사람들이 있기에 속상할 수밖에 없다. B과장의 경우라면 누가 승진하든 두 사람의 관계가 틀어질 것이 분명하기에 더욱 문제가 아닐 수 없다.

이런 상황에서 우리 크리스천들은 승진도 크리스천답게 해야한다. 명절에 부모님께 하는 선물은 그렇게 하지도 않으면서 상사에게 수십만 원짜리 선물, 그보다 더한 것도 보내는 그런 일을 하지 말아야 한다. 선물이 문제가 아니라 승진을 위해 공공연하게 뇌물이 오가기도 하는 것이 현실 아닌가? 승진 경쟁자를 깎아내리기 위해 갖은 권모술수를 다 쓰는 것, 그렇게 못된 방법으로 유치한 이익을 보려고 하는 상대방의 행동으로 내가 손해를 입어 승진을 못하더라도 우리는 낙망하지 말아야 한다. 그런 사람을 크리스천이라 하고 그런 자세가 바로 현대사회 속의 순교이기 때문이다. 다니엘이 바로 그런 승진의 모습을 보여주었다. 승진의 기회가 왔을 때 다니엘은 마음을 비웠다.

　직장인들의 모임에서 한 자매가 간증을 했다. 평소에 친언니 이상으로 가깝게 지내며 전도하려던 선배 언니와 본의 아니게 승진 경쟁을 하게 되었다. 그런데 승진 발표가 났는데 두 사람 중에 자신이 덜컥(?) 승진을 해버렸다. 전혀 생각하지도 못한 승진으로 둘의 관계가 서먹해졌다. 전도하려고 함께 성경공부를 할 준비를 했지만 시작하기도 힘들었다. 고민하던 그 자매는 상사를 찾아가 승진을 양보하고 싶다고 말했다. 하지만 승진은 이미 회사 차원에서 결정된 것이고, 직장에서 승진은 양보의 문제가 아니라는 대답을 들었다.

　하지만 계속 고민하던 자매는 일단 승진은 감사히 받고, 대신 직급이 높아지면서 이동해야 할 자리에 그 선배 언니를 추천했다. 그 자리는 그 회사에서 일하는 사람이라면 누구나 원하는 요직이었고, 회사도 인화 차원에서 그 제안은 수용해주었다. 그 일을 계기로 그 선배와 관계가 나빠지지 않고 성경공부도 시작할 수 있게 되었다고 한다. 승진을 양보하다니, 정말 멋진 크리스천의 자세가 아닐 수 없다!

　입사가 늦은 후배가 먼저 승진했을 때의 심정을 고백한 사람도 있다. 처음에는 견디기 힘들었다고 한다. 남부럽지 않은 대학을 나와서 누구보다도 성실히 일했다. 자신은 능력도 있다고 생각했기에 심한 모멸감으로 당장이라도 회사를 그만두고 싶었다. 하지만 마음을 추슬러 기도하는 중에 참고 기다리라는 하나님의 뜻을 깨닫고 그 상황을 극복할 수 있었다. 승진 탈락을 통해 자신에게 여러 가지 질문을 하며 돌아보는 계기가 되었다. "그동안 나 중심적으로 일해 온 것은 아닌가?" "주어진 일에 급급했지 문제를 해결하려는 주인의식을 가졌던가?" "승진을 원하는 만큼 영적 수준도 높아지기를 소망했는가?" 사실 승진한 사람이 있는가 하면 더 많은 사람은 승진에서 탈락하는 것이 현실인데, 그런 상황 속에서도 우리는 하나님이 나 자신을 향해 가지고 계신 뜻을 찾기 위해 노력해야 한다.

크리스천 직장인은 승진을 해서도 높아진 연봉과 주어진 권력만 누리는 것이 아니라 선한 영향력을 발휘할 수 있다. 한 회사에서 있었던 일이다. 그 회사의 구내식당에 임원들이 종종 식사하러 왔는데 보통 임원들이 식사할 때면 비서들이 함께 와서 음식을 타다주곤 했다. 그런데 그 회사에 부사장님이 새로 부임해 오면서 변화가 일어났다. 그 부사장님은 얼마나 겸손한지 복도에서 직원들과 마주칠 때 허리를 굽혀 먼저 인사를 했다. 점심시간에는 직접 식판을 들고 직원들과 똑같이 줄을 서서 음식을 타다가 직원들의 식탁에 앉아 함께 식사를 했다.

사소한 일일 수도 있지만 그런 작은 행동들이 신선하게 느껴졌는데, 알고 보니 부사장님이 크리스천이었고, 그런 모습이 직원들 사이에서도 화제가 되었다. 그런데 재미있는 점은 부사장님이 직접 음식을 타다가 식사를 하니까 그전에 비서들이 타다 주는 식사를 하던 다른 임원들이 할 수 없이 직접 줄을 서서 음식을 받아 식사할 수밖에 없게 되었다. 그 부사장님은 하루아침에 구내식당의 문화를 바꿔버렸는데, 이것이 바로 선한 영향력이 아닌가!

••• 스토리 메시지

페르시아 왕 아닥사스다의 측근 신하였던 느헤미야는 왕에게 호의를 입어서 어려움에 빠진 민족을 구할 수 있게 해달라고 하나님께 기도했다. 더욱 왕을 가까이에서 모실 수 있는 자리로 승진해서 성문이 불타고 성벽이 무너지는 어려움을 겪는 조국을 위해 기여할 수 있는 길을 찾으려고 했다. 이런 분명한 목적의식을 가지고 승진을 위해 기도한다면 왜 세속적인 성공주의라고 비난받겠는가? 하나님은 느헤미야의 기도에 응답하셨다. "그때에 내가 왕의 술 관원이 되었느니라"(느 1:11). 우리도 선한 영향력을 발휘하기 위한 승진이라는 분명한 목적의식을 가지고 노력할 수 있어야 한다.

마이너스 발상 대신
긍정적인 관점으로 생각하라

비 오는 날 영업사원은 보통 '비 오는 날은 싫어. 나가기 싫다'
고 생각하는데, 이것은 마이너스 발상이다. 반대로 비가 오면
고객도 마찬가지로 밖에 안 나가니 다른 날에 비해 고객의 부재
율이 낮고 타사와의 경쟁률도 낮아져서 괜찮겠다고 생각하면
그것은 플러스 발상이다. 또 비에 젖어 고객을 방문하면 고객의
신뢰를 얻을 가망성이 높아지기도 한다. 어떤 최악의 상황이라
도 긍정적인 관점으로 바꾸어 생각하는 자세가 중요하다.

젊은 시절 피카소는 프랑스 파리에서 힘든 생활을 한 적이 있다. 단 한 장의 그림도 팔지 못했다. 당시 화랑에서는 명사들의 그림만을 판매하려고 했기 때문인데 피카소의 주머니에 15개의 은화만 남았을 때 그는 최후의 승부수를 던졌다. 몇 명의 대학생을 고용해서 매일 화랑을 돌며 사람들 앞에서 화랑 주인에게 이렇게 물어보게 시켰다. 요즘 식으로 하면 알바를 고용해서 마케팅을 한 셈이다.

"실례합니다만 여기 피카소의 그림은 없습니까?"

"죄송합니다만 어디에서 피카소의 그림을 살 수 있을까요?"

"저기, 피카소가 파리에 왔습니까?"

한 달이 채 지나지 않아 파리의 크고 작은 화랑 주인들의 귀에는 '피카소' 라는 이름이 맴돌기 시작했다. 그리고 그들이 피카소를 만나고 싶어 할 때 피카소가 화랑에 모습을 드러냈다. 그들은 앞다투어 피카소의 그림을 샀고, 판매는 대성공이었다. 나중에 유명해진 이후 피카소는 자신이 '영예롭지 못한 일' 을 했다고 시인했다. 하지만 그것은 화랑 주인들의 고질적인 편견을 겨냥한 작은 제스처였다고 강조했다. 만약 그도 사회적 관례에 따라 파리의 미술계가 그를 받아들일 때까지 인내심을 가지고 기다렸다면 고흐의 삶보다 더 참담했을지도 모른다. 피카소는 자신을 잘 홍보했던 사람이다(자오닝 편저, 「회사생활의 달인」, 팜파스 펴냄, 260–261쪽).

작가 서머싯 몸도 피카소와 비슷한 경험을 했다. 그가 무명작가 시절 「달과 6펜스」라는 소설을 출간했을 때의 일이다. 무명 작가라서 책이 거의 팔리지 않자 출판사에서도 광고를 포기하고 알아서 하라고 했다. 서머싯 몸은 고민 끝에 신문광고를 냈다. "배우자를 찾습니다. 나는 스포츠와 음악을 좋아합니다. 그리고 성격이 좋은 백만장자입니다. 내가 찾는 이상형은 서머싯 몸의 「달과 6펜스」라는 책에 나오는 여주인공과 같은 여인입니다. 이것을 보시고 본인이라고 생각하시는 분은 아래 연락처로 연락주시기 바랍니다." 얼마 후 「달과 6펜스」는 베스트셀러가 되었다(박희영 엮음, 「박희영의 유머경영」, 행복에너지 펴냄, 95쪽).

일본의 비즈니스 강사 하코다 다다아키가 미국 미네소타에서 유학할 때의 이야기다. 사과 수확 시기를 코앞에 두고 커다란 우박 덩어리가 사과나무를 강타했다. 탁구공만 한 것도 있어서 수확을 기다리고 있던 사과들은 검고 깊은 생채기를 낸 채 그대로 땅에 떨어지고 말았다. 과수원 주인들은 아연실색했다. "내다 팔 사과가 하나도 없군. 어쩌면 좋지…." 그러나 사과농장을 하던 20대 청년 조지는 남들과 다른 생각을 했다. '이건 하나님이 주신 기회야.' 그는 손으로 휘갈겨 쓴 안내판을 붙였다. "자연의 혜택을 그대로 머금은 사과입니다. 이 사과로 말씀드릴 것 같으면 몇십 년 만에 한 번 내린다는 우박을 맞은 천연제품입니다. 그 덕분에 맛 또한 꿀맛입니다. 사과 표면에 있는 검은 반점은 우박을 맞았다는 증거입니다."

어떻게 되었을까? 우박을 맞아 판매할 수 없다고 걱정한 사과들이 모조리 팔려나갔다. 오히려 예전보다 매출액이 상승했다. 그야말로 조지는 '에스키모 사람들에게 냉장고를 파는 영업사원'이었던 셈이다. 그러나 조지의 사과 이야기는 어떤 상황이더라도 긍정적인 시각을 갖는 것이 중요함을 보여준다(하코다 다다아키 지음, 「떨어진 사과를 팔아라!」, 미들하우스 펴냄, 19~22쪽).

떨어진 사과에 대한 이야기에 덧붙여 관점의 차이를 보여준 한 이야기를 더하려고 한다. 1991년 가을이었다. 일본 아오모리 지방에 몰아닥친 태풍으로 농가에서 큰 피해를 입었다. 그 지역에는 사과 농사를 짓는 사람들이 꽤 많았는데 태풍으로 사과의 90퍼센트가 떨어져 버렸다. 최고 속도 초속 53.9미터의 바람이 불었으니 안 떨어진 사과가 오히려 이상했다. 애써 재배한 사과를 팔 수 없게 되자 사과 재배 농민들은 슬픔에 빠졌다.

하지만 그런 상황에서도 결코 한탄하거나 나약하게 주저앉지 않은 한 농부가 있었다. 태풍이 지나간 뒤 그 농부는 떨어져 상품 가치가 없는 대부분의 사과도 보았으나 아직 나무에 붙어 있는 10퍼센트의 사과에 주목했다. 남아 있는 사과들이 가진 의미를 생각했다. 그는 나름대로 그 '떨어지지 않고 나무에 붙어 있는 사과'를 보고 이야기를 구상했다.

"나무에 붙어 있는 그 사과들을 '떨어지지 않는 사과'라는 이름을 붙여서 비싸게 팔자!" 그 농부의 생각이 기특하긴 한데 보통 사과 가격의 열 배나 되는 가격으로 판 비싼 사과가 제대로 팔렸을까? 그런데 출시된 사과들이 날개 돋친 듯이 팔렸다고 한다. 과연 누가 사 갔을까? '떨어지지 않는 사과!'라는 이름 때문에 특히 수험생들에게 폭발적인 사랑을 받았다. 태풍에도 떨어지지 않은 사과는 행운의 합격 사과라는 이미지 때문이었다(히스이 고타로 지음, 「3초 만에 행복해지는 명언 테라피」, 나무한그루 펴냄, 4-6쪽).

이것은 사기도 아니고 저질 상혼도 아니다. 관점이 달랐을 뿐이다. 떨어진 대부분의 사과를 보고 우울해하기보다 남아 있는 사과를 어떻게 할지 긍정적인 생각을 할 때 위기를 돌파할 수 있는 아이디어가 떠올랐다.

• • • 스토리 메시지

가나안 땅을 정탐했던 여호수아와 갈렙은 나머지 열 명의 정탐꾼들의 부정적인 안목과 다른 긍정적인 관점을 가지고 있었다. 여호수아와 갈렙 역시 가나안 땅의 비옥함과 거주민들 중에 거인 족이 있고 성벽이 견고한 가나안의 상황을 다 보았다. 그런데 두 사람은 한쪽 눈으로만 그 사실을 보았고, 다른 한쪽 눈으로는 그들이 밟는 땅을 이미 주셨다는 하나님의 약속과 능력을 보았고 믿었다. 여호수아와 갈렙이 다른 열 명의 정탐꾼과 다른 안목을 가졌던 이유를 하나님이 말씀해주셨다. 그 '마음'이 그들과 달라서 하나님을 온전히 의지하며 따를 수 있었다.

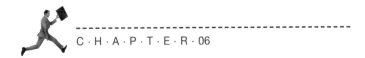
말씀 훈련이 세상에서
승리하게 한다

"그런즉 내가 어찌 이 큰 악을 행하여 하나님께 죄를 지으리이까"(창 39:9). 치명적인 유혹 앞에서 분명하게 선언한 요셉의 외침은 그가 받았던 말씀 교육의 힘이 얼마나 큰지 잘 보여주고 있다. "청년이 무엇으로 그의 행실을 깨끗하게 하리이까. 주의 말씀만 지킬 따름이니이다. 내가 주께 범죄하지 아니하려 하여 주의 말씀을 내 마음에 두었나이다"(시 119:9,11).

우리가 세상의 온갖 유혹을 이기기 위해서는 이렇게 말씀으로 무장하는 훈련이 꼭 필요하다. 교회 청년들이 대학부와 청년부에서 말씀 훈련을 잘 받으며 지내다가 치열한 일터현장에 취업하여 일을 시작하다 보면 말씀의 기근을 경험한다. 새벽부터 밤 늦게까지 정신없이 일해야 하는 비즈니스 현장에서 눈코 뜰 새 없는 신입사원 시절을 보내다 보니 말씀의 밑천이 바닥을 드러낸다. 이런 안타까운 일을 겪지 않기 위해 말씀을 읽고, 듣고, 암송하는 일이 습관이 되도록 훈련해야 한다. 또 우리는 인생을 살다 보면 병이 들 수도 있고 신앙의 슬럼프에 빠질 수도 있다. 성경을 아예 볼 수 없을 때도 있다. 그런 때는 기억나는 말씀을 되새김질하면서 말씀을 묵상할 수 있다.

이렇게 어려운 환경에 처했을 때 말씀 수업을 통해 인생의 새로운 전기를 마련한 사람이 있다. 1912년에 태어나 미국 공군에 입대했다가 제2차 세계대전을 겪었던 사람이다. 그는 진주만 기습을 당한 후 두리틀 중령의 일본 본토 폭격 편대에 참여했던 제이콥 드쉐이저 3등중사이다. 드쉐이저 중사는 진주만 기습을 당한 후 일본인들을 향한 복수심에 불타올라 폭격대원으로 자원했다. 일본 나고야를 폭격하는 작전에 성공한 후 중국 땅으로 가서 불시착하기로 한 곳에서 낙하산을 타고 내려오다 일본군의 포로가 되고 말았다. 그는 수용소에 갇혀 온갖 고초를 겪었고, 동료들 중에는 처형되거나 영양실조로 사망한 사람들도 있었다.

그런데 일본군 감시원에게 영어성경을 빌릴 기회가 있었다.

그래서 3주간의 기회를 얻어 성경을 탐독하기 시작했다. 그러다가 그는 자기가 하나님 앞에서 죄인임을 깨닫고 예수님의 십자가 사건을 믿고 예수님을 구주로 영접했다. 훗날 드쉐이저 선교사는 로마서 10장 9절 말씀이 마음에 다가왔고, 믿음을 통해 구원을 선물로 받았다고 고백했다. "네가 만일 네 입으로 예수를 주로 시인하며 또 하나님께서 그를 죽은 자 가운데서 살리신 것을 네 마음에 믿으면 구원을 받으리라."

곧 성경을 돌려주어야 했기에 성경을 읽으면서 보았던 구절들 중 은혜받은 구절들을 암기하기 시작했다. 사랑에 관한 구절들을 주로 암기하고는 전쟁이 끝난 후 석방되어 귀환하기까지 14개월의 독방생활 동안 그 말씀을 묵상하면서 지냈다. 그 과정에 일본군 감시원까지 사랑하게 되었다. 자신을 괴롭히고 동료들을 죽인 일본인들을 향한 뜨거운 복수심이 그들의 영혼을 향한 사랑의 열정으로 변했다. "저는 더 이상 원망, 증오, 미움이 없었고 그들을 사랑하게 되었어요. 그들을 불쌍히 여기게 되었어요."

전쟁이 끝난 후 고국으로 돌아온 제이콥 드쉐이저는 시애틀 퍼시픽대학교에 입학했고, 선교사가 되기 위한 준비를 하며 공부한 후 졸업했다. 그래서 그는 1948년에 아내 플로렌스와 함께 일본 선교사로 파송받았다. 드쉐이저 선교사 부부가 일본에 가서 선교를 시작한 1년 동안 여러 명의 일본인이 예수님을 영접하는 역사가 일어났으나, 특히 의미 있는 한 사람의 회심이 있었다.

드쉐이저는 진주만 기습을 감행한 일본 공군의 한 편대를 이끌었던 후치다 미쓰오 중좌를 만나게 되었다. 후치다는 거리 전도를 하던 드쉐이저 선교사의 전도를 받았고, "나는 일본의 죄수였다"(I Was a Prisoner of Japan)라는 제목의 팸플릿을 읽은 후 그리스도인이 되었다. 드쉐이저 선교사의 집을 찾아온 후치다가 크리스천이 되고 싶다고 말했다. 그래서 세례를 주었고, 그 후 두 사람은 함께 설교하면서 복음을 전하기도 했다. 1959년에 드쉐이저 선교사는 나고야로 옮겨가서 거기에 교회를 세웠다. 나고야는 17년 전인 1942년에 드쉐이저 중사가 편대원들과 함께 폭격했던 바로 그 도시였다.

이렇게 말씀이 한 사람의 생애를 변화시켰다. 말씀이 포로수용소 안에서 한 전쟁 포로를 회심하게 하고 증오심을 갖고 폭격했던 적국의 도시에 가서 복음을 전하려는 열정을 불어넣었다. 이것이 바로 말씀의 능력이다. 또한 원수였던 사람을 회심하게 하는 놀라운 능력과 은혜가 바로 말씀에 담겨 있다. 우리에게도 혹시 닥칠 수 있는 말씀의 기근을 대비해서 우리는 평소에 말씀 농사를 잘 지어야 한다. 그런데 우리는 하나님의 말씀에 대해 어느 정도로 집중하고 있는가?

베스트셀러 작가인 미국의 빌 헐 목사가 인기 있는 TV프로그램 〈California Gold〉에서 본 내용을 책에서 소개한다. 코끼리 조련사였다가 은퇴한 찰리 프랭크에 대한 이야기이다. 찰리는 니타라는 코끼리를 오랫동안 훈련해 공연을 했고, 은퇴 후에는 니타를 멀리 샌디에이고 동물원으로 보냈다. 찰리와 니타는 15년 동안 서로 만나지 못했는데 프로그램 진행자 휴엘 하우저가 찰리를 데리고 샌디에이고 동물원으로 니타를 찾아갔다.

물론 찰리는 열 마리의 코끼리 중에서 니타를 금세 알아봤다. 하지만 15년의 세월이 지났는데 늙은 코끼리가 옛 조련사를 알아볼지 확신이 없었다. 찰리가 먼 거리에 서서 니타를 불렀다. 그러자 몸무게가 2톤이나 나가는 엄청난 덩치의 코끼리 한 마리가 몸을 홱 돌렸다. 그러더니 찰리에게로 달려왔다. 땅이 울렸다. 찰리는 니타에게 다가가서 쓰다듬어주었고 니타는 긴 코를 찰리의 볼에 비벼댔다.

빌 헐 목사는 이 장면에서 울고 말았다고 한다. 찰리도 울었고, 진행자 휴엘도 울었고, 수많은 시청자가 함께 눈물 흘렸다. 그런데 바로 그때 놀라운 일이 벌어졌다. 코끼리 니타가 찰리와 함께했던 그 공연을 똑같이 재연했다. 15년 동안이나 서로 보지 못했음에도 마치 한 번도 헤어진 적이 없었던 듯이 둘은 함께 멋진 장면을 연출했다(빌 헐 지음, 「성령의 능력에 관한 솔직한 대화」, 국제 제자훈련원 펴냄, 364-365쪽).

무수한 관람객의 음성과는 다른 목소리, 자기를 돌보던 주인 찰리의 목소리를 기억하고 있는 코끼리 니타는 오늘 우리에게 중요한 교훈을 준다. 우리는 과연 주님의 음성인 말씀을 보면서 코끼리 니타와 같은 반응을 보이는가? 예수님은 양들은 목자의 음성을 알기에 따른다고 말씀하셨다. "내 양은 내 음성을 들으며 나는 그들을 알며 그들은 나를 따르느니라"(요 10:27).

늙은 코끼리 니타에게서 배우자. 주님의 말씀을 늘 듣고 배우며 말씀으로 인생의 방향을 잡아나가겠다고 결심하자.

••• 스토리 메시지

요셉은 유혹이 난무하는 세상 속에서도 착실하게 수행했던 말씀 수업을 통해 인생의 가장 힘들고 어려운 위기를 극복했다. 어린 시절부터 말씀 교육을 받았던 요셉은 그 말씀에 근거하여 유혹의 순간에도 하나님과 동행할 수 있었다. 말씀에 충실한 삶을 산다면 우리도 세상에서 요셉처럼 굳게 설 수 있다. 유혹을 이겨낼 수 있다. 말씀으로 무장하자. 유혹을 이길 힘과 용기를 달라고 기도하자. "내가 전심으로 주를 찾았사오니 주의 계명에서 떠나지 말게 하소서"(시 119:10).

행동하는 믿음으로
세상의 변화를 추구하라

오늘 우리 시대는 안타깝게도 전도를 잘하지도 않지만 전도가
잘되지도 않는 시대이다. 복음이 들불처럼 확산되는 부흥의 시
대가 아니다. 이런 시대에는 삶의 변화와 행동을 통해 예수님을
믿은 증거를 보이는 일이 필요하다. 신앙적인 감화를 제대로 끼
치지 못하면 사람들에게 전도하기가 힘들다. 우리 자녀들과 후
배들에게 진정 아름다운 가치가 무엇인지 계승하기도 쉽지 않
다. 이런 시대에 우리는 특히 경각심을 가져야 한다.

성 프란체스코가 말했다. "복음을 전하세요. 언제나! 필요하면
말을 사용하세요." 전도를 하지 말라는 뜻이 아니라 삶을 통해

전도하는 것이 우선이라는 말이다. 예수님이 말씀하신 것처럼 우리는 "착한 행실"을 통해 세상의 빛과 소금의 역할을 다해야 한다. 그래야 우리의 동료들과 이웃들이 우리의 착한 행실을 보고 하늘에 계신 우리 아버지께 영광을 돌리게 된다(마 5:16). 과연 우리는 어떻게 우리의 믿음을 드러내 보일 수 있겠는가?

찰스 스펄전 목사가 영국 런던의 메트로폴리탄장막교회에서 담임목사로 목회할 때의 일이다. 당시는 정식 교인이 되려면 그 교회 목사를 비롯해 모든 집사 및 장로와 인터뷰를 해야 했는데, 그것이 정말 끔찍한 테스트였다고 한다. 그들은 구레나룻과 턱수염을 기르고, 사슬 달린 시계에다 정장을 차려입은 길쭉한 얼굴의 빅토리아 시대풍의 근엄한 남자들이었다. 그런 사람들 수십 명 앞에 앉아 있는 초신자의 모습을 상상해보라.

어느 날, 런던의 어느 저택의 하녀로 일하던 십대 소녀가 교인이 되겠다고 신청했다. 그녀가 인터뷰 자리에 와서 앉았을 때 스펄전 목사가 질문했다.

"당신이 정말로 죄를 회개하고 그리스도를 믿고 있다는 증거를 제시해 보십시오."

잔뜩 긴장해 있던 소녀는 잠시 생각하더니 이렇게 대답했다.

"글쎄요. 저는 예전에는 집을 청소할 때 쓰레기를 몰래 구석에 감추곤 했습니다. 그러나 이제 예수님을 믿고 난 후 그런 행동을 그만두었습니다."

스펄전 목사는 곧바로 이렇게 말했다.

"더 이상의 질문은 없습니다. 우리는 이 소녀를 우리 교회 공동체의 구성원으로 받아들일 것입니다. 모두 교제의 악수를 나누십시오"(이안 코피 지음, 「하나님은 월요일에 무슨 일을 하실까?」, 새물결플러스 펴냄, 73-74쪽).

술을 마시던 크리스천 사업가가 술을 끊기 위해 노력한 이야기도 들어보았다. 그는 사회생활을 20여 년 동안 하면서 그 기간만큼의 술친구들이 있었다고 한다. 교회에서 중직자이기도 했는데, 어느 날 하나님 앞에서 너무 죄송하여 기도하며 술을 끊기로 결심했다. 하지만 그동안 함께했던 술친구들을 어떻게 설득할 수 있을까 고민하다가 술자리에서 이런 내용의 양심선언을 했다.

"제가 지금까지는 술 마시는 크리스천이었습니다. 그러나 이제부터는 술 안 마시는 크리스천이 되기로 결심했습니다. 여러분이 저를 좀 도와주십시오."

그의 술친구들은 이 사람의 거룩한 선언에 담긴 충심을 읽었고, 결국 그 친구들로 인해 술을 완전히 끊을 수 있었다. 술 마시던 사람이 술자리에 가지 않으면 모를까, 가서 술을 마시지 않는 건 정말 힘들다고 한다. 그런데 그는 동료들이 술을 주지 않아서 결국 그 어려움을 이겨내고 술을 끊을 수 있었다.

아일랜드의 국민적 음료라는 '기니스 포터'를 만든 젊은 건축가에 대해 들어보았는가? 1759년, 서른네 살의 아서 기니스(Arthur Guinness)는 유산으로 물려받은 100만 원을 계약금으로 주고 거의 영구적으로 저렴한 임대료로 양조장을 인수할 수 있었다. 당시 아일랜드 시골 지역에는 위스키나 진 등의 술이 성행했고, 맥주는 거의 알려지지 않았다. 쉽게 구입할 수 있고 알코올 도수가 높은 독한 술 때문에 알코올 중독과 나태가 사회적인 문제였다. 이런 모습에 문제의식을 느낀 기니스는 하나님의 나라에 대해 고민하는 헌신된 크리스천이었다. 당시 아일랜드는 가톨릭 국가였는데 기니스는 영국 국교 성공회 신자였다.

그가 보니 거리 모퉁이 곳곳에 술집이 들어서 있었다. 그 주변을 목적 없이 어슬렁거리며 방황하는 술에 취한 아일랜드 젊은이들을 보니 너무 안타까웠다. 더블린 시내를 걷던 기니스는 "아일랜드 사회에 만연해 있는 술 취함에 대해 무언가 하게 해 달라"고 하나님께 부르짖었다. 엄청난 부담감을 느낀 이 젊은이는 아일랜드 사람들이 진정으로 즐길 수 있고 그들에게 유익한 술을 만들겠다고 결심했다.

그래서 기니스는 당시 짐꾼들이 주로 마셨다고 해서 '포터'(porter)라고 불린 맥주를 개발했다. 보리를 탈 정도로 바싹 볶아 발효시켜 만들었기에 짙은 색깔이 나는 흑맥주였다. 풍성한 거품이 나고 감칠맛과 약간 쌉쌀한 맛이 나는 술로 미네랄과 각종 영양소도 풍부하게 함유하고 있어서 마치 한 끼 식사와 같이 영양도 있는 좋은 맥주를 만들었다. 기니스가 만든 맥주는 상당량의 철분을 함유하고 있어서 대부분의 술꾼들이 1리터 이상을 마시기 힘들었다. 위스키나 진보다 적은 알코올을 함유하고 있어서 맥주를 마시고 취하는 사람이 거의 없기도 했다(마이클 프로스트 지음, 「위험한 교회」, SFC펴냄, 378-380쪽). 지금도 세계인들이 기니스 맥주를 마시고 있다. 아일랜드 더블린에 있는 기니스 맥주 공장이 인기 있는 관광코스가 되어 2000년에 개장한 이후 400만 명 이상이 방문했다.

• • • 스토리 메시지

주눅 들지 말고 회피하지도 말고 세상과 맞서야 한다. 술을 왜 만드느냐고 하는데, 문제가 많은 분야에서 창의성을 발휘해 대안을 제시하는 일은 정말 멋진 일이 아닌가? 당장 술을 없앨 수도 없다면 안 좋은 술을 대체할 수 있는 좋은 술을 만드는 일은 세상을 아름답게 변화시키는 멋진 일이 아닐 수 없다. 적극적인 믿음으로 도전하여 세상을 변화시킬 수 있어야 한다. "어떻게 하면 젊은 이들을 술독에서 건져낼 수 있을까?" 건축가인 서른네 살의 젊은이가 느꼈던 안타까움과 열정이 결국 이런 놀라운 일을 해냈다.

인생에서 남길 가치 있는
-------------------------- 유산은 무엇인가?

나의 아들은 군대생활을 좀 특이한 곳에서 했다. 주한 미군 한국군지원단의 사병으로 가게 되었다. 일명 '카투사'이다. 훈련소에서 재미있는 경험을 했다. 육군 기본 훈련을 받은 후 카투사 훈련소에 입소해 훈련을 받았는데, 어느 날 아들에게서 전화가 왔다. 군종병을 모집한다고 해서 지원을 하고 면접을 봤다고했다. 어떤 내용의 면접 질문을 받았나 물었더니 신상에 관한질문이 있었고, 가장 중요한 것은 "왜 군종병이 되려고 하는가?"라는 질문이었다고 했다.

아들이 어떻게 대답했는지 궁금했다. 아들은 군종병에 대한 별

다른 지식도 없어서 이렇게 대답했다고 한다.

"아버지가 한국군에서 군종사병으로 복무했는데, 제가 군종병에 대해서 잘 모르긴 하지만 아버지가 하신 일을 저도 해보고 싶은 마음이 들어서 군종병으로 지원했습니다."

사실 나는 30여 년 전에 신학대학을 졸업하고 신학대학원에 입학한 후 기술행정병으로 군종사병에 지원해 입대했다. 그런데 아들은 신학대학에 다니지도 않았다. 그러면서도 아버지가 했던 일이기에 군종병에 지원했다고 대답했다니, 나는 합격하기는 힘들겠다고 생각했다. 적어도 '복음의 열정과 영혼 사랑' 같은 군종병의 사명과 연관된 대답을 했어야 합격할 수 있다고 생각했다.

그런데 며칠 뒤 아들이 군종병에 합격했다는 소식을 전해왔고, 오산의 한 부대에 배치받아 복무했다. 나중에 이 이야기를 주변 사람들에게 했더니 미국 문화를 경험한 두 사람이 동일한 내용을 나에게 말해주었다. 아버지가 한 일을 자식이 잇는 일은 미국인들이 중요하게 여기는 '유산'(legacy)의 가치라고 했다. 나의 아들이 말한 군종병 지원 동기가 허술하거나 무의미한 답변이 아니었다는 이야기였다. 내가 미국 문화를 잘 몰랐기 때문에 오해했고, 아마도 아들의 답변이 면접관들을 충분히 설득했을 것 같다고 말해주었다. '유산'의 중요성에 대해서 아들을 통해 실감나게 공부하는 기회였다.

우리는 인생을 살아가면서 우리 자녀에게, 우리의 일터 후배들에게, 다음세대에게 과연 무엇을 유산으로 남겨줄 수 있는가? 세상의 가치관대로 '좋은 학교, 좋은 직장!'만 노래 부르지 말아야 한다. 돈보다 가치, 지위보다 진정한 명예, 사람답게 사는 의미와 중요성, 그 가치를 가르치는 것이 계승의 핵심이다. 잠언 22장 1절이 말한다. "많은 재물보다 명예를 택할 것이요 은이나 금보다 은총을 더욱 택할 것이니라."

일본 제국주의의 압제와 만행에 맞서 대항한 여러 영웅이 대한민국의 독립운동사를 빛낸다. 우리가 꼭 기억할 독립투사 중의 한 사람으로 우당 이회영(李會榮, 1867.4.-1932.11.) 지사가 있다. 1910년에 이회영 지사는 명동 YWCA 근처 집안의 땅 6천 평을 처분하여 40만 냥을 확보했다. 이 돈은 현재 가치로 최소 600억 원에서 800억 원쯤에 해당하는 거금이다. 그 돈을 가지고 여섯 형제와 가족을 포함한 식솔 40여 명이 망명을 떠났다.

그래서 여섯 형제와 가족들은 남만주에 신한민촌을 건설하고 신흥무관학교를 설립하여 민족 교육과 독립군 양성에 헌신했다. 1932년 11월에 상해에 머물고 있던 이회영은 일제의 감시로 활동 공간이 매우 좁아져 고심했다. 상해를 떠나 만주로 가려고 했으나 안타깝게도 11월 17일 대련에서 일본 경찰에 체포되었다. 감옥에서 12일간의 혹독한 고문을 당한 끝에 안타깝게도 순

국하고 말았다. 이회영 지사가 일본 경찰에 잡힌 후 자신을 찾아온 지인에게 이 세상에서 마지막으로 남긴 말은 다음과 같다.

"세상에 인간으로 태어나서 누구나 자기가 바라는 목적이 있네. 그 목적을 달성한다면 그보다 더한 행복이 없을 것이네. 그리고 그 목적을 달성하기 위하여 그 자리에서 죽는다 하더라도 이 또한 행복이 아니겠는가!"

한국사능력검정시험을 준비하면서 고등학교 한국사 책을 보니 이회영 지사에 대한 박스 기사로 그의 항일 독립투쟁을 기록하고 있다. 그 자료에 이회영 지사의 형제들은 상동감리교회 청년회 출신이라는 기록이 있었다. 목적을 달성하기 위해 그 자리에서 죽는다 하더라도 행복하다는 그의 말이 이해되었다. 바로 하나님이 주신 사명을 위해 목숨도 아깝지 않은 크리스천 마인드가 이회영 지사가 남긴 마지막 말 속에 담겨 있다.

실제로 이회영 지사의 형제들은 해방 후 이승만 정부의 초대 부통령을 지낸 다섯째 이시영 지사 외에는 한 사람도 고국으로 돌아오지 못했다. 지난 2007년에 이회영 지사를 기념하여 명동에 그의 호를 딴 '명동우당길'이 명명되었다. 자신과 가족의 모든 소유를 바치고 평생 독립을 위해 헌신하다 목숨까지 바친 사람의 가치 있는 인생이 어떤 것인지 잘 말해주고 있다.

이런 가치를 유명한 소설에서도 발견할 수 있다. 홀든 콜필드는 극심한 사춘기의 혼란을 겪으며 좌충우돌하는 열여섯 살의 소년이다. 생각도 복잡하고 행동도 기괴하다. 자신도 크게 다르지 않은 것 같은데 허영과 위선으로 가득 찬 학교의 사람들을 견디기 힘들어한다. 전형적인 사춘기로 뜬금없는 오리 걱정, 성적인 상상, 자기의 눈엔 몽땅 괴짜인 친구들을 향한 욕설과 종잡을 수 없는 횡설수설이 난무한다. 네 과목에서 낙제하여 4번째 퇴학을 당하고 예정보다 며칠 앞서서 뉴욕의 집으로 돌아가는 이틀간의 생각과 행동의 여정을 소설 앞부분에서 길게 늘어놓고 있다.

홀든은 어느 누구와도 소통하지 못해서 안타까운데 여동생 피비와는 그래도 말이 좀 통한다. 소설 뒷부분에 피비와 대화를 나누는 장면 속에 이 소설의 핵심이 담겨 있다. 지루하고 따분하게 200쪽을 넘겨 읽어가다 보면 잠을 확 깨우는 순간을 선물해준다. 출간 후 50년 동안 1,500만 부가 넘게 팔렸다는 이 소설 「호밀밭의 파수꾼」의 진가를 드디어 느낄 수 있다.

"나는 늘 넓은 호밀밭에서 꼬마들이 재미있게 놀고 있는 모습을 상상하곤 했어. 어린애들만 수천 명이 있을 뿐 주위에 어른이라고는 나밖에 없는 거야. 그리고 난 아득한 절벽 옆에 서 있어. 내가 할 일은 아이들이 절벽으로 떨어질 것 같으면 재빨리 붙잡아주는 거야. 애들이란 앞뒤 생각 없이 마구 달리는 법이니까 말이야. 그럴 때 어딘가에서 내가 나타나서는 꼬마가 떨어지지 않도록 붙잡아주는 거지. 온종일 그 일만 하는 거야. 말하자면 호밀밭의 파수꾼이 되고 싶다고나 할까. 바보 같은 얘기라는 건 알고 있어. 하지만 정말 내가 되고 싶은 건 그거야. 바보 같겠지만 말이야"(J. D. 샐린저 지음, 「호밀밭의 파수꾼」, 민음사 펴냄, 229-230쪽).

• • • 스토리 메시지

당신은 인생을 살면서 무엇을 남길 것인가? 일터에서 성과를 내고 프로젝트를 수행하면서 놀라운 업적을 남길 것인가? 많은 돈을 벌고 권력을 누린 이력을 남길 것인가? 하나님의 나라를 세우는 참된 가치와 비전을 함께 나누는 동료와 후배들이 당신의 일터에 있는가? 당신의 자녀에게 당신이 평생 추구하는 비전이 무엇인지 설명해주었는가? 인생의 전부를 다 바쳐 추구하는 참된 가치를 보여주고 있는가? 이런 멋진 유산을 다음세대에 남겨주어야 한다. 그래야 우리가 세상을 복되게 할 수 있다. 하나님의 나라를 우리의 일터와 세상에 세워갈 수 있다.

■ 나의 신앙 고백 1

이 책을 통해 내가 가장 도전받은 부분은 무엇입니까?
세상 속 그리스도인, 당신의 이야기를 들려주세요.

....

....

....

....

....

....

....

....

....

이 책을 통해 내가 가장 도전받은 부분은 무엇입니까?
세상 속 그리스도인, 당신의 이야기를 들려주세요.

....

....

....

....

....

....

....

....

이 책을 통해 내가 가장 도전받은 부분은 무엇입니까?
세상 속 그리스도인, 당신의 이야기를 들려주세요.

....

....

....

....

....

....

....

....